Isabelle Debuchy

111 Lieux à Nancy à ne pas manquer

111

emons:

FSC
www.fsc.org
MIXTE
Papier issu de sources responsables
FSC® C043106

Crédits couverture : © Régine Datin
Crédits photographiques : © Isabelle Debuchy
sauf chap. 32 Dao Davy © Cécile Jacquot ; chap. 62 Maison de Myon © DR ; chap. 65 Jardin botanique © Julien Decollogne ; chap. 70 Nancy Thermal © Anne Demians ; chap.99 © Gé. Pellini ; chap. 107 Villa Majorelle © Olivier Mariotte
Mise en page : Editorial Design & Artdirection, Conny Laue, d'après un concept de Lübbeke | Naumann | Thoben
Cartographie : altancicek.design, www.altancicek.de d'après OpenStreetMap
Impression et façonnage : Grafisches Centrum Cuno, Calbe

Achevé d'imprimer en 2022
Dépôt légal : octobre 2022
ISBN : 978-3-7408-1417-5

Avant-propos

En parlant de Nancy, on pense immanquablement à sa très fameuse place Stanislas. Surnommée la « Ville aux portes d'or » du fait des six grilles en fer forgé rehaussées d'or de cet ensemble architectural du XVIIIe siècle, la Cité ducale ne se limite pourtant pas à cette ancienne place royale, pas plus qu'elle ne se réduit aux adjectifs « pittoresque », « élégant » ou « charmant ».

Nancy, comme vous allez le découvrir au fil de ces 111 lieux, est une cité plurielle au parfum de bergamote et de mirabelle, qui fait le bonheur des gastronomes et des poètes. Ce livre est une invitation à prendre des chemins de traverse et à partir sur les traces de ses plus célèbres enfants, Émile Coué et sa méthode, les frères Goncourt, Victor Hugo… La ville ducale se révèle à travers pas moins de huit portes historiques, qui dessinent les contours d'une cité riche et vivante qui cache de nombreuses merveilles. Une véritable mosaïque de quartiers, de la Ville Vieille au nord, à la Ville Neuve de la Renaissance au sud, en allant à l'est vers le canal de la Marne au Rhin et vers la voie ferrée à l'ouest, autant de chemins à parcourir pour voir Nancy sous un jour nouveau. Entre autres richesses, l'héritage artistique et industriel de l'École de Nancy fait résonner, au fil des rues, les noms d'Émile Gallé, Louis Majorelle, Antonin Daum, Victor Prouvé ou Jacques Gruber, artistes à l'origine de cet « art nouveau » aux formes végétales audacieuses, qui a modifié, dans les débuts du XXe siècle, le visage de Nancy et l'imaginaire stylistique contemporain.

Métropole universitaire et technopole scientifique, la ville bat aujourd'hui au rythme de sa créativité et de son ingéniosité, en témoigne le pôle aquatique de Nancy Thermal, qui ouvrira ses portes très bientôt, legs des forages menés par Louis Lanternier et la découverte en 1909 d'une source au parc Sainte-Marie, fil ténu entre passé et futur.

111 Lieux

1 L'Alsacienne

La mémoire des optants

Plantée avenue du XXe-Corps, cette villa de style alsacien rappelle l'influence des « optants », ces Alsaciens qui avaient choisi de rejoindre la France après la défaite de 1870. En 1849, Charles Fruhinsholz fonda une tonnellerie à Schiltigheim, dans le Bas-Rhin, dirigée ensuite par ses fils Adolphe, Charles et Auguste. Après l'annexion de l'Alsace, l'entreprise s'installa à Nancy en 1881 dans les locaux d'une ancienne scierie. En 1901, elle changea d'appellation et devint une société par actions, la Société française des établissements de tonnellerie mécanique Adolphe Fruhinsholz.

Au début du XXe siècle, cette maison était considérée comme la tonnellerie la plus importante au monde. Porté par sa prospérité, Adolphe fit démonter pierre par pierre la maison familiale de Schiltigheim pour la reconstruire à l'entrée de son usine, où elle se trouve encore. Le style atypique de cette demeure, avec ses 400 mètres carrés, sa dizaine de pièces et son terrain de 2 700 mètres carrés, dénote dans le paysage urbain nancéien. Quand Adolphe Fruhinsholz (père) se retira de la société, il revint à ses fils de gérer l'entreprise familiale et d'en développer l'activité. Adolphe fils entreprit alors la fabrication de tanks vitrifiés dans les hangars, jusque-là destinés exclusivement à la conservation des vins et situés derrière les habitations, au grand mécontentement de son père. Pour marquer sa désapprobation, celui-ci écrivit dans une série de cartes postales : « Vue de la nouvelle usine des tanks en fer émaillés, édifiée trop près de mes deux maisons. Son emplacement actuel était tout indiqué pour des cours et jardins… »

À partir de 1956, lorsque l'entreprise Fruhinsholz passa sous le giron de la société Nordon, entreprise de chaudronnerie et de tuyauterie, la maison fut occupée par les cadres de cette société. Elle subit les dégradations du temps, aussi la direction de Nordon a-t-elle décidé de la rénover en 1996 dans le cadre d'un programme de conservation du patrimoine.

Adresse 78 avenue du XXe-Corps, 54000 Nancy | Transports en commun Tram 1, arrêt Cristalleries | Horaires d'ouverture Le bâtiment ne se visite pas | À savoir L'afflux des optants a considérablement contribué à la transformation de Nancy ainsi qu'à son essor économique et industriel.

2 Les anciens abattoirs

Exemple de reconversion d'un site

Construits au début du XXe siècle selon les plans de l'architecte Albert Jasson, les abattoirs de Nancy connurent une mutation progressive. Les bâtiments rassemblaient leur propre marché aux bestiaux, des locaux sanitaires, des étables et des pièces frigorifiques, et étaient considérés comme modernes pour l'époque. Il s'agissait même de l'un des plus grands marchés à bestiaux de l'est de la France. Dans les années 60, le site fut adapté pour le transport par poids lourds.

Quand des travaux d'aménagements du quartier Rives de Meurthe furent menés par Rémy Butler et Alexandre Chemetoff, ils entraînèrent la lente transformation des abattoirs. En 1996, leur activité fut transférée dans la ZAC d'Épinal-Mirecourt. Que reste-t-il donc de ces anciens bâtiments ? La grande halle, ancien marché aux bestiaux, a été repensée par l'architecte Nadine Stelmaszyk et son intervention extrêmement sobre a permis une reconstitution à l'identique, lit-on sur le site Itinéraires d'architectures. Le bâtiment est composé d'une haute nef encadrée de deux bas-côtés. L'ample volume intérieur de la halle a été conservé et offre un vaste plateau d'expérimentation de 2 000 mètres carrés. La réouverture de nombreuses baies ainsi que les deux pignons totalement vitrés plongent l'ensemble dans un bain de lumière qui met en valeur la finesse de la charpente rivetée. Les nouvelles menuiseries en acier reprennent la division des fenêtres originales. Discrètes, elles se retirent derrière la pierre de taille d'une grande blancheur, mêlée à des remplissages élaborés alternant brique et moellon.

Le Pôle du Verre a pris la place des halles aux veaux et aux moutons et de la maison de l'octroi. Un Pôle nautique installé sur les rives de la rivière, idéal pour faire de l'aviron et du kayak, a été construit sur les plans de François Noël dans les années 90. Enfin, inauguré en 2013, le Technopôle Renaissance, un pôle d'excellence en génie urbain, occupe le reste du site.

Adresse 4 boulevard d'Austrasie, 54000 Nancy | Transports en commun Tram 1, Bus 13, arrêt Saint-Georges | À savoir Les anciennes écuries abritent l'agence de développement des territoires Nancy Sud Lorraine et le Pôle Innovation et Territoires.

3 Les arbres à livres

Bibliothèques à ciel ouvert

Deux « arbres à livres » ont fleuri à Nancy. Il s'agit d'un drôle d'arbre, où poussent abondamment des feuilles étonnantes… Ses branches sont faites de couvertures et son feuillage de mots… L'arbre à livres est un genre de bibliothèque en plein air, partagée et gratuite, souvent victime de son succès. Le principe est simple : il faut y déposer des livres et l'on peut en prendre gratuitement.

Un autre arbre a poussé sur la place Saint-Epvre, sous la forme d'une armoire en libre accès. Place Charles-III, plutôt qu'un arbre à livres, on peut parler d'un « arc à livres », comme le nomment ses architectes-concepteurs, Christophe Aubertin et Aurélie Husson du collectif nancéien Studiolada, un comité de six architectes qui conçoit des projets d'architecture et d'urbanisme depuis 2008. Au fil des projets, leurs réalisations reflètent leur regard particulier et leurs réflexions sur l'architecture et l'urbanisme dans des territoires divers. L'arc à livres est le résultat de l'une de ces réflexions : en bois comme un arbre, mais en forme de voûte courbée, ce bel objet pensé comme un meuble d'intérieur à l'extérieur fait émerger des envies de lecture et des conversations entre les curieux, qui déchiffrent consciencieusement les tranches des livres qu'ils vont bientôt s'approprier. Il flotte dans l'air cette odeur boisée que l'on perçoit encore sous l'encre et la colle.

L'arc à livres est aussi un banc sur lequel on s'assoit pour s'imprégner de nouveaux univers et rêver… Le bruissement des pages berce, elles murmurent des histoires. Au cours d'un voyage calme et immobile, on parcourt de nombreuses aventures en quête de vies secrètes. Car, qui ne s'est jamais perdu dans les pages d'un bon livre, peinant à retrouver la réalité ?

Entre le lecteur et les livres se déroule un dialogue silencieux. Un lieu peuplé d'ouvrages, et c'est l'humus des mots qui nourrit nos vies, les bruits feuillus des histoires qui nous enchantent.

Adresse Place Charles-III et place Saint-Epvre, 54000 Nancy | Transports en commun Tram 1, arrêt Point-Central | À savoir Le collectif Studiolada a été lauréat des Albums des jeunes architectes et paysagistes en 2014, un prix décerné par le ministère de la Culture.

4 L'arc Héré

Un air de capitale

La place Stanislas est le symbole de Nancy dans le monde entier. Toutefois, une autre place mérite également d'être connue : la place de la Carrière, elle aussi classée au patrimoine mondial de l'UNESCO depuis 1983. À son extrémité septentrionale se situe l'arc Héré, du nom de l'architecte de Stanislas, Emmanuel Héré. L'homme devait concevoir un bâtiment faisant le lien entre la place Royale (actuelle place Stanislas) et la place de la Carrière, où se trouvaient les anciens remparts, percés pour édifier cette porte à la profondeur étonnante.

Désigné aussi comme la « porte Héré », l'arc de triomphe a des airs similaires à ceux de Septime Sévère à Rome ou de la porte Saint-Antoine de Paris – un style plus adapté à une capitale, en somme. Il émane des espaces autour de l'arc une beauté qui tient à la parfaite maîtrise des contraintes pratiques imposées alors : la Ville Vieille était enfermée dans la citadelle militaire et la Ville Neuve s'était développée hors les murs. Il fallait combler la brèche, qui a pris la forme d'un arc de triomphe consacré tout entier à la gloire de Louis XV. Aujourd'hui, il offre une perspective parfaite, bordée par deux alignements de tilleuls propices à la promenade.

Élevé sur un piédestal, le monument d'ordre corinthien est percé par une grande arcade, encadrée par deux porches plus bas et des colonnes. Ode à la guerre et à la paix symbolisées par les couronnes de laurier et d'olivier, il réunit des figures de dieux antiques réalisées par Barthélémy Guibal, tels Cérès, Minerve, Hercule, Mars, Apollon, mais aussi les neuf muses. Une effigie de Louis XV est également présente sous forme de médaillon. Que de beau monde sur ces bas-reliefs. Sur la face de l'acrotère portant le groupe de la Renommée, on y lit *Hostium Terror- Foederum Cultor/Gentisque Decus et Amor* : « Terreur des ennemis, artisan des traités, gloire et amour de son peuple » – tout un programme ! L'arc Héré mérite l'attention des visiteurs, invités par la Renommée à de nombreuses méditations.

Adresse 23 rue Héré, 54000 Nancy | Transports en commun Bus 12/13, arrêt Amerval | À savoir Au début du XIXe siècle, on passait à pied au-dessus de l'arc Héré pour aller au parc de la Pépinière.

5 L'artère commerçante

L'autre visage de Sainte-Catherine

Évoquer la rue Sainte-Catherine, c'est remonter le fil du temps et se plonger dans *Le Guide du voyageur* de Henri Lepage, datant de 1844, ou dans le *Dictionnaire historique des rues de Nancy* d'Émile Badel, édité dans les années 1900. C'est aussi regarder cette rue autrement que comme une simple rue commerçante perdue dans le tissu urbain.

La rue Sainte-Catherine relie la place Stanislas à la porte Sainte-Catherine : c'est en l'honneur de son épouse, la reine de Pologne Catherine Opalinska et mère de la reine de France Marie Leszczyńska, femme de Louis XV, que Stanislas donna ce nom à cette rue, tracée en grande partie dans l'ancien potager ducal. Jean-Jacques Lionnois, premier historien de Nancy et de la Lorraine, évoque les beaux hôtels qui y furent construits, comme la maison des Frères de Saint-Jean-de-Dieu. La fonction initiale de cette rue, dans le plan urbanistique voulu par Stanislas Leszczynski, était d'embellir la perspective de la plus grande place de Nancy et de souligner son ensemble monumental, en l'ouvrant à l'est vers la porte Sainte-Catherine et l'arc de triomphe.

De style dorique, la porte Sainte-Catherine fut construite en 1761 par l'architecte Richard Mique et se dresse toujours dans le ciel nancéien. Son emplacement initial était beaucoup plus proche de la place Stanislas, mais la porte fut déplacée de 300 mètres en 1768, au-delà de la caserne Sainte-Catherine après l'achèvement de celle-ci, afin de l'inclure dans le mur d'enceinte de la ville. Originellement située hors des murs de la ville, la caserne Thiry, ancienne caserne Sainte-Catherine, fut intégrée dans la ville avec l'extension du périmètre urbain. Les vastes dimensions de ses trois corps de bâtiments identiques dessinant une vaste cour rectangulaire sont impressionnantes. Construite sur ordre de Louis XV peu avant le rattachement de la Lorraine à la France, elle fut visitée par l'empereur François-Joseph Ier, fils du dernier duc de Lorraine. Elle est aujourd'hui toujours occupée par l'armée.

Adresse Rue Sainte-Catherine, 54000 Nancy | Transports en commun Tram 1, arrêt Division-de-Fer | À savoir Barthélémy Guibal, à qui l'on doit les célèbres fontaines de la place Stanislas et de nombreuses statues du château de Lunéville, a donné son nom à la plus petite rue de Nancy, non loin de la rue Sainte-Catherine. Celle-ci a une autre particularité : elle n'est dotée que d'une unique porte, qui donne sur la préfecture de Meurthe-et-Moselle.

6 L'atelier-maison de Bachelet

Reflet d'une évolution de l'architecture

Emblématique du mouvement moderne, la maison-atelier du sculpteur Émile Just Bachelet fut construite en 1925. Inapte au service actif, le sculpteur fut mobilisé en 1915 comme infirmier dans un hôpital militaire à Troyes, puis à Lure. Inspiré par cette expérience, il a dessiné et réalisé des bustes de blessés de guerre avant de rejoindre le Salon des artistes français à partir de 1920 et de gagner le concours pour la construction du monument commémoratif de la Fontenelle dans les Vosges.

Bachelet s'est rapidement diversifié : au-delà des bustes et des monuments aux morts, il a sculpté des modèles d'objets destinés à la fabrication en grande série. Les Nancéiens connaissent ses exceptionnels grands médaillons commandés par Eugène Corbin pour orner la façade des Magasins réunis, aujourd'hui Le Printemps. Qu'appelle-t-on au juste le mouvement moderne à Nancy dans les années 20 ? « Né dans le premier quart du XXe siècle, le mouvement moderne est une révolution dans l'histoire de l'architecture qui a profondément modifié les principes de conception des édifices publics et privés », peut-on lire sur le site Itinéraires d'Architecture. La maison du célèbre sculpteur, construite par l'architecte Henri Antoine, qui a également fait appel à Jean Prouvé, peut être considérée à cet égard comme le reflet de l'évolution de l'architecture locale.

Elle est, en effet, la première maison à avoir été conçue avec des blocs cubiques blancs couverts de toits plats et percés d'ouvertures sans encadrement, un volume géométrique sur deux niveaux. Sur le pan coupé de la maison, deux bas-reliefs évoquent tour à tour la vie de famille et la sculpture. Des modifications ultérieures ont dénaturé cette organisation d'origine en sauvegardant l'intention première, mais cette maison passe, hélas, toujours inaperçue. Il est grand temps de la redécouvrir tant elle éclaire une démarche artistique avant-gardiste pour l'époque.

Adresse 40 rue Lothaire-II, 54000 Nancy | Transports en commun Bus 16, arrêt Charlemagne | À savoir Le patrimoine Art déco de Nancy séduit par la modernité de ses formes géométriques, notamment à la villa Bonnabel (111 avenue du Général-Leclerc, 54000 Nancy).

7 Les ateliers de l'imprimerie Berger-Levrault

Saga familiale

En 1976, l'imprimerie Berger-Levrault fêta le tricentenaire de son histoire qui commença à Strasbourg en 1676, et se poursuivit à Nancy au lendemain de l'annexion de 1870. Comme la famille Fruhinsholz (voir chap. 1), Oscar Berger-Levrault est de ces industriels immigrés alsaciens qui ont largement contribué à la prospérité économique de la ville et de la région à la fin du XIXe siècle. Les autorités allemandes avaient fixé le 1er octobre comme date limite pour permettre aux habitants de quitter l'Alsace. C'est sur l'emplacement du cimetière des Trois-Maisons que l'imprimerie Berger-Levrault vit le jour en 1871. Le cimetière des Trois-Maisons fut le premier construit en dehors des murs de la cité, en 1732, sur ordre du duc de Lorraine et de Bar François III. Jusqu'en 1842, des transformations et agrandissements perturbèrent son fonctionnement. Gênant l'expansion de la ville dans ce quartier, le cimetière fut fermé et celui de Préville créé. Cette ancienne nécropole était depuis longtemps oubliée, quand, en 1871, ont été construites les imprimeries Berger-Levrault. Le terrain cédé par la ville « pour la somme de 115 000 francs oblige, en contrepartie, Berger-Levrault à fournir à la ville un exemplaire de chacun des ouvrages qu'elle éditera ou imprimera ».

Pendant la période de la Belle Époque, Berger-Levrault devint l'une des premières imprimeries en matière d'avancée technologique, mais également en ce qui concerne la qualité de travail de ses employés. Les avantages sociaux n'empêchèrent cependant pas les mouvements de grève, principalement liés à l'arrivée des femmes dans les ateliers. Sur le plan technique, Berger-Levrault développa de nouvelles productions, telles que des calendriers illustrés et des affiches d'art : ces nombreuses innovations vaudront à l'entreprise des récompenses lors de salons internationaux. Aujourd'hui, les façades des bâtiments sont les seuls vestiges de cette imprimerie ayant eu pignon sur rue.

Adresse 18 rue des Glacis, 54000 Nancy | Transports en commun Bus 12/13/16, arrêt Charles-V | À savoir Des trésors archéologiques ont été découverts par l'Institut national des recherches archéologiques sur le site de l'ancienne imprimerie, lors de la construction de logements sociaux. Ils ont permis d'étudier le passé de la Cité ducale et les rites funéraires d'autrefois.

8_Atypic

Une boutique, plusieurs univers

Plutôt discret, le *concept store* Atypic et son jeu orthographique « atypi(c)que » est inclassable. Sitôt le seuil de ce vaste espace à la décoration d'inspiration scandinave franchi, il nous prend l'envie furieuse d'y rester pour dénicher des pépites… Son immense bibliothèque créée sur mesure, sa cabane en bois, son buffet chiné deviennent autant d'écrins pour les produits proposés en vente. Avec sa belle hauteur sous plafond, Atypic est un lieu de vie avant même d'être un lieu de commerce, car les canapés sont moelleux à souhait et donnent terriblement envie de s'y installer.

À l'origine de ce projet, l'idée d'une nouvelle manière de consommer, plus ludique. Ainsi est née cette mise en scène d'univers éclectiques mélangeant les produits et multipliant les tendances – un concept store dans l'air du temps avec son style de vie. De la mode à la décoration en passant par l'épicerie fine, cet espace cultive la diversité et les partis pris dans ses sélections. Si le vestiaire est destiné aux hommes avec des marques comme Officine Générale, Maison Kitsuné, Barbour, M. Moustache ou Bobbies, la plupart des articles jouent la mixité. Le dialogue entre mode, nourriture – rhums arrangés, gins infusés et autres spécialités – et parfums d'ambiance est des plus intéressants.

Et quoi de plus agréable que de pouvoir goûter aux produits de l'épicerie fine lors d'une dégustation surprise dans l'espace bar rétro chic pour une découverte de producteurs aux valeurs fortes, telles les huiles d'olive du Château d'Estoublon et ses luxueuses bouteilles – sa fameuse huile Couture est inspirée des plus beaux flacons de parfum – ou les produits de la mer de La Perle des Dieux, le « confiseur de la mer » vendéen ? Toujours en quête de nouveaux talents, la boutique est un lieu de collaboration éphémère. Quels seront les prochains designers, créateurs ou marques d'épicerie fine à investir cet endroit exceptionnel ? Le temps nous le dira !

Adresse 15 rue Gustave-Simon, 54000 Nancy, tél. 03 83 53 49 52 | Transports en commun Bus 12/13, arrêt Amerval | Horaires d'ouverture Du mercredi au samedi de 10 h à 12 h et de 14 h à 19 h | À savoir L'équipe d'Atypic est une véritable mine d'informations pour trouver de bonnes adresses à Nancy.

9 Au Nom de la Rose

Roses du jardin et plaisir gourmand

Sous sa corolle colorée, la rose cache un imaginaire vibrant qui traverse les cultures. Elle suscite instantanément des images, des souvenirs olfactifs, et, dans les cœurs d'enfants, rappelle celle du *Petit Prince* de Saint-Exupéry ; elle est « une superposition nuancée de soucoupes », comme l'a écrit le poète Francis Ponge. Reine des fleurs, la fugacité de sa floraison n'empêche pas de la retrouver sur les étals des fleuristes toute l'année. Cette fleur capricieuse a d'ailleurs son temple au cœur de Nancy : Au Nom de la Rose. Cette charmante enseigne s'est donné pour objectif de mettre en avant la singularité et la diversité de toutes les roses proposées à la vente, dont certaines ont un parfum inimitable.

Sur le blog très instructif de l'enseigne, on apprend que le nom de rose vient de *rhod,* « rouge » en celte, la couleur la plus commune en ces temps-là. Shakespeare aussi affectionnait tout particulièrement les roses : le mot revient d'ailleurs plus de cinquante fois dans son œuvre. Les pétales de la rose sont utilisés pour la fabrication des parfums et les boutons pour faire du sirop et de la confiture. On appelle roseraie un jardin ne comptant presque que des roses. Le rosier le plus ancien du monde aurait plus de 1 000 ans et pousserait contre les murs de la cathédrale de Hildesheim, en Allemagne.

Muse protéiforme, la rose se fragmente, se décompose en parfums, et elle est même passée du jardin à l'assiette. Quelques spécialités sont d'ailleurs en vente dans le magasin de la rue d'Amerval : gelées, thés, sucettes, chocolat et bonbons givrés sont à emporter, délices dont on ne doit pas se priver. L'originalité d'Au Nom de la Rose a toujours été de privilégier les roses de jardin qui dégagent naturellement des parfums délicats, suaves ou plus puissants selon les variétés, toutes cultivées en France. Que l'on juge cet éventail : Extase, Piaget, Sunny Eudora… elles se distinguent toutes par leur forme singulière et leur très fort parfum naturel.

Adresse 6 rue d'Amerval, 54000 Nancy, tél. 03 83 21 46 70, www.aunomdelarose.fr | Transports en commun Bus Citadine 1, Bus 13/16, arrêt Amerval | Horaires d'ouverture Du mardi au vendredi de 10 h à 19 h, le samedi de 9 h 30 à 19 h 15 et le dimanche de 9 h 30 à 13 h | À savoir L'une des stars de la collection d'Au Nom de la Rose est la O'Hara Blanche : ses pétales internes ont une délicate touche rosée et un ton légèrement poudré tandis que ses pétales externes vont du blanc au vert clair, qui lui donnent un style « cueilli du jardin ».

10 La balade jusqu'au parc Blondlot

Un parcours bucolique

Promenade en vue ! Cette escapade démarre par une avenue digne d'un roman. L'avenue Milton, hommage au poète anglais, n'a d'avenue que le nom, puisqu'il s'agit d'une charmante impasse qui relie la rue Isabey au boulevard Albert-Ier. On y observe un fronton sculpté de l'ancienne antenne nancéienne des Voies navigables de France et une petite maison années 30 au toit festonné qui lui fait face. L'impasse est plantée de jolies villas qui répondent aux prénoms de Lucia, Saint-Antoine ou Marie-Jeanne et qui arborent des carreaux de faïence ornés de feuilles de vigne ou de pensées.

Cette toute petite rue est au cœur d'un réseau de ruelles encore plus étroites, comme le sentier des Mensiaux, qui traverse de part en part l'avenue Milton. Originaires de Ceintrey en Meurthe-et-Moselle, Nicolas et Louis Mansiaux doivent leur célébrité à un stuc imitant le poli et la dureté du marbre, stuc qui fut utilisé dans le château de Jarville-la-Malgrange et l'église Notre-Dame-de-Bonsecours. Si vous croisez la rue Isabey, elle est dédiée à Eugène Isabey, peintre, lithographe et aquarelliste français, célèbre pour avoir peint des scènes de marines « sans mer ». Son style fluide et lâché se caractérise par des effets tachés et d'exécution rapide, qu'il oppose à des détails précis.

Un méandre de venelles nous conduit au parc Blondlot. En 1932, la famille Blondlot possédait le long de la voie ferrée une belle propriété dotée d'un parc arboré. René Blondlot la légua à la ville de Nancy. La maison d'habitation de cette famille d'illustres professeurs fut alors détruite et le parc ouvert au public. Il occupe une surface d'environ 6 500 mètres carrés avec son kiosque, son bassin et son aire de jeux, son parterre d'inspiration classique, ses allées géométriques, et son espace paysager aux lignes souples, où l'on peut admirer quantité d'arbres remarquables : châtaignier, ginkgo, frêne à fleurs…

Adresse Parc Blondlot, 4 quai Claude-le-Lorrain, 54000 Nancy | **À savoir** Une rue perpétue le souvenir des Blondlot : assez peu connue, elle se trouve au centre-ville, à quelques encablures de la rue Saint-Jean.

11 La basilique Saint-Epvre

Faites entrer la lumière

Peu visitée, cette basilique dédiée à Saint-Epvre, évêque de Toul, située dans la Ville Vieille de Nancy, se distingue par ses vitraux impressionnants. Ce ne sont pas moins de 74 verrières, dont 71 sont issues des ateliers Carl Geyling à Vienne, qui illuminent le bâtiment. À cela viennent s'ajouter trois rosaces, pour une surface totale de vitraux qui dépasse les 2 300 mètres carrés.

Autre singularité : la nef est décorée de peintures sur toiles marouflées et de mosaïques feintes. Au sein d'une architecture néogothique très conventionnelle, le visiteur pourra y trouver de magnifiques autels de la fin du XIXe siècle, notamment celui dédié à Notre-Dame du Perpétuel Secours, offert par l'empereur François-Joseph et l'impératrice Élisabeth, dite « Sissi ». Les autels et boiseries sont en partie d'origine française, réalisés par les ateliers Klein à Colmar, mais la plupart viennent des ateliers Margraff à Munich. Un autre détail surprenant se trouve au-dessus du portail : les emblèmes en cuivre doré des quatre évangélistes – le lion symbolisant la justice pour Marc, le taureau de la puissance pour Luc, l'homme et l'amour pour Matthieu, l'aigle et la sagesse pour Jean.

L'église Saint-Epvre a été construite au milieu d'une place qui abritait un marché et des halles. Ces dernières furent transférées dans un autre quartier de la ville lorsque René II décida d'y installer, en 1495, une fontaine monumentale alimentant en eau les marchands de poisson et de légumes, qui venaient régulièrement y installer leurs tréteaux. En 1858, menaçant de tomber en ruine, l'église est abandonnée au profit de celle des Cordeliers. La construction de la nouvelle église Saint-Epvre, vaste édifice religieux, fut guidée par l'abbé Joseph Trouillet et imaginée par l'architecte Prosper Morey en un temps record. Commencée en 1863, elle fut, en effet, achevée et bénite en 1867 puis consacrée en 1876. La basilique domine tout le quartier et a été classée monument historique en 1999.

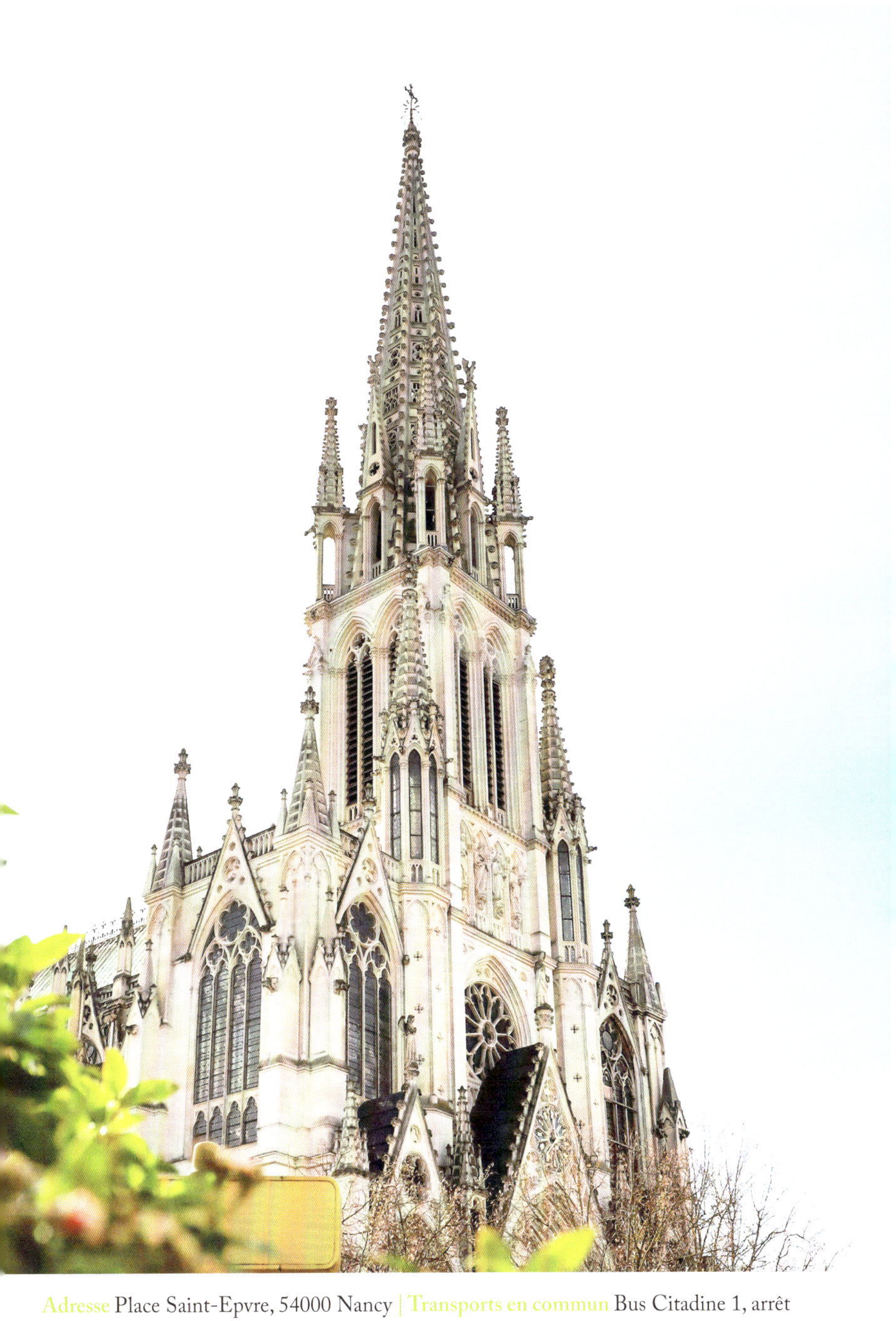

Adresse Place Saint-Epvre, 54000 Nancy | Transports en commun Bus Citadine 1, arrêt Saint-Epvre ; Bus 12/13/16/62, arrêt Haut-Bourgeois | Horaires d'ouverture Tous les jours sauf le dimanche de 9 h à 12 h et de 14 h à 18 h | À savoir C'est dans la basilique Saint-Epvre que le mariage princier de Christoph de Habsbourg-Lorraine avec Adélaïde Drapé-Frisch a été célébré en décembre 2012.

12 Les bassins du jardin d'Eau

Un jardin à la française dans un paysage industriel

Jardin public agrémenté de charmants bassins, le jardin d'Eau invite à la méditation. Cet espace peut être qualifié de géométrique et de naturel, puisque la végétation a repris ses droits au-delà du tracé d'origine. Ses parterres d'eau ont redessiné à leur manière un quartier entier, situé à 500 mètres seulement de la place Stanislas.

Le jardin d'Eau a été conçu en 1996 par l'architecte-paysagiste Alexandre Chemetoff, intervenu à l'époque pour réaménager d'anciennes friches industrielles dans un espace laissé à l'abandon situé près de l'ancienne gare Saint-Georges. Avant même la construction des logements résidentiels, il s'est appuyé sur la rigueur géométrique du dessin de la ville industrielle pour concevoir une succession de bassins tout en revisitant les thèmes du jardin à la française : parterres géométriques, arbustes taillés de façon régulière, miroirs d'eau... L'ensemble forme alors des architectures vertes qui semblent immuables, chambres de verdure qui animent le parcours. La transformation est saisissante. Devenu un véritable écosystème, le jardin d'Eau abrite des oiseaux aquatiques allant des canards colverts aux poules d'eau, qui viennent nicher entre les bandes de terre fleuries et les bambous, ou dans le creux des arbres.

On se prend donc à flâner au fil de sept bassins thématiques : le bassin du Miroir d'eau, le bassin des Cent Fontaines, le canal des Iris, le bassin des Nymphéas avec son îlot central agrémenté d'un grand cyprès chauve... Chaque espace met en avant ses propres essences : aulnes, tulipiers, ptérocaryers du Caucase, ginkgos... D'une grande beauté, ce jardin d'Eau est pourtant assez méconnu. Est-ce parce que lors de sa création, il a laissé les Nancéiens dubitatifs ? Couvrant plus d'un hectare et demi, il offre pourtant une merveilleuse promenade qui s'étire de la rue Bazin à la rue des Tiercelins, entre le canal de la Marne au Rhin et les rives de la Meurthe.

Adresse 16 boulevard de la Mothe, 54000 Nancy | Transports en commun Tram 1, Bus 13, arrêt Saint-Georges | Horaires d'ouverture 24 h sur 24 | À savoir Sur le parcours, on aperçoit une lanterne japonaise offerte en 1998 par la ville de Kanazawa pour célébrer ses 25 ans de jumelage avec Nancy.

13 — La bergamote

Le goût de Nancy

Avec son goût légèrement acidulé inimitable, ce petit bonbon plat et translucide qui fond sur la langue nous transporte instantanément en Italie. Ce carré parfumé à l'huile essentielle de bergamote, un agrume en forme de poire, croisement involontaire d'une orange amère et d'un citron vert, est pourtant fabriqué à Nancy ; c'est même l'un des emblèmes de la ville.

Découverte au XVIe siècle en Sicile, île dont le climat méditerranéen est propice à la croissance des bergamotiers, la bergamote est récoltée non pas pour être mangée crue, mais pour son écorce, utilisée dans de nombreuses préparations, dont le célèbre thé Earl Grey. Les bergamotes de Nancy, dont l'appellation est protégée, sont fabriquées à partir de sucre cuit auquel on ajoute un peu d'essence naturelle de bergamote. Longtemps considérées comme « un bonbon de vieille dame », elles sont pourtant une sucrerie raffinée à la saveur inimitable. Si l'essence de bergamote était utilisée avant l'invention de la bergamote de Nancy, elle connaît son apogée en 1751 grâce au confiseur du roi Stanislas, Joseph Gilliers, qui l'incorpore à une pastille pour masquer les haleines fétides de ses concitoyens. La recette et la forme du carré sont figées un siècle plus tard par le confiseur Godefroy Lillig, à l'origine des actuels établissements Lalonde. C'est lors de l'Exposition internationale de l'est de la France de 1909 que les premières boîtes métalliques de bergamotes apparaissent, reprenant pour décor les éléments architecturaux de la place Stanislas.

Grâce aux efforts de producteurs ayant misé sur la qualité du produit, la bergamote de Nancy est redevenue une source de fierté pour les habitants et bénéficie, depuis 1993, du label Lorraine, et depuis 1996, d'une Indication géographique protégée (IGP), signe de la rigueur de la production. Ces trésors légers et gourmands, couchés dans une boîte en métal rouge et or, sont à dénicher chez l'un des quatre fabricants de la célèbre bergamote.

Adresse Lalonde, 59 rue Saint-Dizier, 54000 Nancy, www.lalonde.fr | Transports en commun Tram 2/4, Bus 11/12/13/15, arrêt Place-Charles-III | Horaires d'ouverture Le lundi de 14 h à 19 h et du mardi au samedi de 9 h 30 à 19 h | À savoir Vous avez l'âme d'un collectionneur ? Retrouvez chez Lalonde une grande partie de la collection privée de boîtes de bergamotes de la boutique.

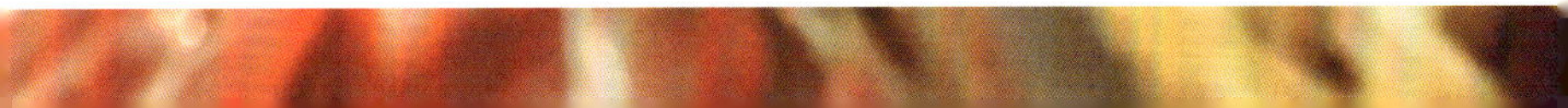

14 La bijouterie-joaillerie Mathieu

Perpétuer un savoir-faire

Située dans les anciens lavoirs des chanoines, la bijouterie-joaillerie Mathieu perpétue un savoir-faire artisanal en accompagnant ses clients dans la création et la transformation de bijoux. Le créateur de l'atelier, Max-Bernard Mathieu, héritier de l'École de Nancy, à présent retraité, s'est entouré d'Alice et de Vanessa pour faire prospérer l'esprit de ce lieu unique.

Alice et Vanessa prolongent cet héritage qui a fait la renommée de l'atelier, initiateur de la transformation de végétaux en bijoux sur le principe de la fonte à cire perdue (alliances en lierre, bracelet en feuilles de gui, collier avec boutons d'orchidées…) Les bijoux apportés ont souvent une valeur sentimentale, mais, au fil des générations, ces objets précieux peuvent sembler démodés et méritent un petit rafraîchissement. Ainsi, une pièce en or, une gourmette qui n'est plus portée ou une boucle d'oreille cassée peuvent être matière à de nouveaux bijoux créés par les mains expertes des joaillières. Alice et Vanessa réinventent un autre ornement en un coup de crayon. Chacune de leurs créations est réalisée entièrement à la main. Le métal est fondu dans un creuset, laminé, étiré, martelé, poli, autant d'opérations pour faire naître une nouvelle parure, pour donner vie à une autre envie.

Si l'or du bijou fondu n'est pas utilisé en totalité, les deux bijoutières le restituent sous forme de petit lingot. Tout est réalisé dans le respect des techniques ancestrales pour que les nouveaux bijoux perdurent – la solidité est ainsi au rendez-vous. Le style unique de chacun d'entre eux tient à l'esthétique et à l'équilibre des formes, point central de la réflexion. Alice et Vanessa travaillent avec des lapidaires, gemmologues, diamantaires et graveurs dans une même dynamique pour orner les bijoux, réalisés en or 18 carats et marqués du poinçon d'État à tête d'aigle et du poinçon d'artisan, dans le strict respect de la réglementation.

Adresse 5 rue du Manège, 54000 Nancy, tél. 03 83 37 36 31, www.ateliermathieunancy.com | Transports en commun Tram 1, arrêt Cathédrale | Horaires d'ouverture Du mercredi au samedi de 9 h à 12 h et de 14 h à 18 h | À savoir L'office du tourisme de Nancy organise des visites de l'atelier deux fois par an. N'hésitez pas à en franchir la porte pour découvrir ses merveilles en coulisses !

15 La boulangerie-pâtisserie Stef

L'héritage du Lorrain

C'est au peintre Claude Gellée, dont l'histoire est intimement liée à celle de Nancy, que l'on attribue l'invention de la pâte feuilletée. Ainsi, l'œuvre la plus utile du « Lorrain » n'est pas *Le Port de mer au soleil couchant,* superbe tableau à la tonalité orangée, mais bien cette pâte, utilisée encore aujourd'hui. Claude Gellée aurait préparé un pain très beurré, en roulant le beurre dans une pâte à pain, pour son père malade. Cette origine fait débat, mais qu'importe : la pâte feuilletée reste un classique des petits-déjeuners qui fleurent bon le café ou les effluves de chocolat chaud.

On peut donc aisément croire à cette légende : après tout, pour la pâte feuilletée, il est bien question d'une base de pâte à pain – avec farine, œufs et levure –, préparée en feuilles et d'un certain nombre de couches de beurre. La levée de la pâte est essentielle, mais l'opération dite de « tourage » (abaisser, tourner, plier) exige le tour de main de l'artisan et fait toute la différence. Celui des boulangers-pâtissiers de chez Stef est indéniable : ce savoir-faire a d'ailleurs fait le succès de leur brioche feuille. Pour les amateurs qui ne connaîtraient pas la différence entre une brioche et une brioche feuille, c'est très simple : le beurre n'est pas ajouté en fin de pétrissage, mais en réalisant des tours, à l'instar de la pâte feuilletée. Cela donne à cette brioche ultra-moelleuse et légèrement croustillante un goût si particulier de mie filante et de beurre savoureux.

Tournée, feuilletée, sucrée, la brioche feuille de chez Stef a tout pour plaire. La boulangerie a d'ailleurs été rendue populaire par son passage dans l'émission télévisée de M6 *La Meilleure boulangerie de France.* Il se vend chaque dimanche jusqu'à 80 de ces délicates et légères brioches, devenues une référence pour les gourmets. Et si la boulangerie est légèrement en retrait de la place Saint-Epvre, elle se repère toutefois facilement. Il n'y a qu'un pas à faire pour se laisser tenter !

Adresse 3 rue Monseigneur-Trouillet, 54000 Nancy, tél. 03 83 36 48 24, www.stef-nancy.fr | Transports en commun Bus 12/13/16/62, arrêt Haut-Bourgeois | Horaires d'ouverture Du mardi au samedi de 7 h à 19 h 30 et le dimanche de 7 h à 13 h | À savoir Stef vend évidemment d'autres spécialités, dont de savoureux sandwichs et des gâteaux, comme le succulent Jivara au chocolat au lait caramélisé ou encore le Princesse au petit pois, au chocolat, cœur crème brûlée et pulpe de framboise.

16 Le Bouquet

… et les rayures de Daniel Buren

Le vent est toujours porteur de nouvelles : il bat dans cette bannière nommée *Le Bouquet,* près du FRAC de Lorraine et du musée des Beaux-Arts. À la vue de cette ramure qui emprisonne tout souffle, on entend les échos lointains de la bataille de Nancy qui a opposé Charles le Téméraire au duc René II de Lorraine, moment mémorable de l'histoire de la ville. Le fronton de la porte Saint-Nicolas fut, de ce fait, décoré des armoiries du duc René II en hommage à sa victoire qui mit fin à 2 ans d'occupation, mais détruit pendant la Révolution. L'un des blasons montrait une tête de chevalier entourée d'aigles, symbolisant la victoire.

Installé face à la porte Saint-Nicolas, où étaient célébrées les entrées ducales – les ducs y passaient pour prêter serment à leur avènement –, *Le Bouquet* fut créé en 1988 par Daniel Buren, plasticien français de renom. Cette œuvre aux couleurs de la région est comme une résonnance contemporaine des bannières et fanions accrochés lors de ces festivités. Elle consiste en un mât métallique haut de 10 mètres, orné, à son sommet, de huit bannières en tissu rayé blanc et bleu de 4 mètres de long, les fameuses rayures ayant fait la célébrité de l'artiste. Une œuvre dynamique et mouvante jouant avec la couleur du ciel et avec le vent. Depuis la fin des années 60, Daniel Buren exploite les potentialités d'un même motif, objectif et neutre, en tant que signe, en investissant l'espace public. Il élabore son art dans la mémoire d'un lieu historique établissant un dialogue entre l'art public et le patrimoine architectural, une radicalité, une verticalité abstraite qui distingue ses œuvres.

De passage à Nancy, il serait bien difficile de rater la monumentale porte Saint-Nicolas, monument symbolique édifié au XVIIe siècle. La toute première fut démolie pour laisser place à une nouvelle porte du même nom, où l'on observe à présent la croix de Lorraine, érigée comme un symbole de ralliement.

Adresse Porte Saint-Nicolas, 54000 Nancy | Transports en commun Bus 11/13/15/20/21/33/61, arrêt Place-des-Vosges | À savoir Côté « campagne », la porte Saint-Nicolas fut percée d'une ouverture centrale plus large, flanquée de chaque côté de deux plus petites ouvertures destinées aux piétons.

17 Le bourdon

Le joyau de la basilique du Sacré-Cœur

Quand on dit « bourdon », on pense souvent à un sentiment associé à la mélancolie ou à un insecte qui a le don d'agacer. Pourtant, il s'agit ici de la plus grosse cloche de Nancy. N'en déplaise à certains, ce n'est pas dans la cathédrale Notre-Dame-de-l'Annonciation que ce bourdon en sol résonne lors d'importants événements nationaux ou pour saluer l'élection du pape. Marguerite-Marie-du-Sacré-Cœur-de-Jésus c'est le petit nom de cette cloche qui pèse 6 tonnes et qui n'est en rien comparable à « la Savoyarde » que l'on retrouve au Sacré-Cœur de Montmartre, à Paris, avec ses 18,8 tonnes. Il faut toutefois admettre que Marguerite-Marie ne démérite pas, puisqu'elle est le plus gros bourdon de Nancy et de ses environs.

Commandées en 1905 par le chanoine Henri Blaise, curé à l'origine de l'édification de la basilique du Sacré-Cœur, les cloches furent coulées dans les ateliers de Jules Robert et bénies par Charles-François Turinaz, évêque de Nancy et de Toul. Celui-ci avait ordonné, en 1889, la création d'un lieu de culte pour la douzième paroisse de Nancy : « Je vous confie la difficile mission de fonder la nouvelle paroisse que je place sous les bénédictions, la puissance et la fécondité merveilleuse du Sacré-Cœur de Jésus », aurait-il dit à son subordonné. Tout un programme ! Les travaux s'achevèrent en 1905.

La basilique du Sacré-Cœur fut élevée au rang de basilique mineure. Située à l'ouest de la ville de Nancy, près de sa frontière avec la commune de Laxou, elle est de style romano-byzantin, qui rappelle celui de la basilique de Montmartre. C'est à l'architecte Antony Rougieux qu'avait été confiée la construction de l'édifice. Dans le chœur sont visibles l'ombrellino, une ombrelle plate à long manche, et le tintinnabule, une clochette sur un support portatif. Ces deux objets comptent parmi les emblèmes distinctifs des basiliques. L'orgue fut réalisé en 1907 par Charles Didier-Van Caster.

Adresse 39 rue de Laxou, 54000 Nancy | Transports en commun Bus T3, arrêt Gridel | Horaires d'ouverture Tous les jours de 9 h 30 à 12 h et de 14 h à 17 h | À savoir Chaque bourdon est consacré et se voit attribuer un parrain et une marraine. Le comte Ferri de Ludres, député de Meurthe-et-Moselle, et la comtesse Marguerite-Alix d'Hofflize sont les protecteurs de Marguerite-Marie.

18 La Brûlerie

Se laisser guider par le torréfacteur

En suivant le parcours du grain à la tasse, Éric Robin vous emmène en voyage sur les traces des cafés d'exception. En tant qu'artisan torréfacteur, son rôle est de déterminer la qualité du café qui sera consommé par la suite. Si la sélection des cafés verts est cruciale, la torréfaction, opération qui vise à cuire les grains pour en faire ressortir tous les parfums, l'est tout autant. C'est une étape délicate, car une cuisson parfaite est essentielle pour obtenir le meilleur café possible. Chaque torréfacteur possède donc sa propre recette et compte bien la garder secrète…

À l'instar d'Éric Robin, tout artisan torréfacteur utilise un équipement traditionnel à la capacité limitée, un gros appareil à tambour rotatif pour une cuisson lente de 18 à 20 minutes, selon la couleur de grain recherchée. Les grains de café torréfiés sont ensuite déversés dans un bac de refroidissement. Lors du processus de torréfaction et de brassage, ils perdent leur couleur verdâtre pour se transformer en une myriade brune. L'intensité de la couleur dépend autant de la température de cuisson que de sa durée : plus la torréfaction sera longue, plus la couleur du grain de café sera foncée et évoluera vers une gamme de bruns.

Costa Rica, Brésil, Pérou, Papouasie, Cuba… quelle que soit l'origine des grains, le maître torréfacteur ne cesse de contrôler la transformation de cette denrée rare et en prélève plusieurs échantillons pendant la cuisson. Éric Robin décide à l'œil, à l'oreille et à l'odorat de la fin de la procédure. Il torréfie tous les jours, car le café fraîchement préparé n'en est que meilleur ! Le résultat de ce savoir-faire affiné au fil des torréfactions peut se savourer à La Brûlerie, où Éric propose de nouveaux arômes régulièrement. Et vous pourrez vous adonner à la dégustation de ces breuvages installé confortablement dans un canapé moelleux ou au soleil, sur l'une des terrasses : la boutique en possède deux.

Adresse 96 Grande Rue, 54000 Nancy, tél. 03 83 35 06 03 | Transports en commun Bus 12/13/16/62, arrêt Charles-V | Horaires d'ouverture Le lundi de 10 h à 15 h, du mardi au samedi de 10 h à 19 h | À savoir De nombreux thés en vrac sont également en vente à La Brûlerie. Une petite restauration est possible à l'heure du déjeuner : c'est frais et c'est bon !

19 Le buste de Jules Crevaux

Un aventurier passionné par l'Amazonie

Installé dans le jardin Dominique-Alexandre-Godron (voir chap. 81), juste derrière le Muséum-Aquarium de Nancy, le buste de Jules Crevaux, explorateur lorrain tombé dans l'oubli, invite au voyage. Étudiant en médecine à l'université de Strasbourg, il fit plusieurs expéditions en Guyane pour étudier une maladie tropicale, l'hématurie chyleuse des pays chauds, dont il fit son sujet de thèse qu'il soutint à Paris en 1872, à la fin de ses études. Il embarqua ensuite à Brest et devint médecin de marine, puis volontaire dans l'armée. Infatigable voyageur, il reprit son exploration de la Guyane. C'est sans doute durant ces années qu'il se passionna pour l'Amazonie et chercha à percer les secrets de la jungle, mais aussi les mystères de la vie de ses habitants.

Jules Crevaux s'était même vu confier le secret de la fabrication du curare par un sorcier amérindien. Au fil de ses explorations, il rassembla quantité d'objets hétéroclites : massues d'apparat, colliers en dents de pécari, bracelets en élytres de coléoptères, flûtes en tibia de biche, tambourins en peau de boa… Des objets provenant des peuplades rencontrées, comme les Indiens Roucouyennes – rebaptisés peuple Wayana –, une communauté villageoise et l'un des six peuples amérindiens vivant au sud de l'actuelle Guyane, sur les rives du fleuve Maroni et de la rivière Tampok. Géographe de surcroît, Jules Crevaux établit des cartes pour délimiter la frontière entre la Guyane française, le Surinam et le Brésil. En 1880, il partit de Bogota, remonta le fleuve Magdalena et franchit la cordillère des Andes à dos de mule. Par la suite, il descendit en radeau le Guaviare, un affluent de l'Orénoque en Colombie. Il parcourut près de 6 000 kilomètres en 161 jours. En 1882, il se trouvait entre l'Argentine et la Bolivie, au cœur du territoire Tobas et des Indiens du Chaco paraguayen. Il y mourut très probablement – une thèse contestée par les historiens – en 1882, à l'âge de 35 ans, possiblement assassiné et consommé !

Adresse Jardin Dominique-Alexandre-Godron, 36 rue Sainte-Catherine, 54000 Nancy | **Transports en commun** Tram 1, arrêt Division-de-Fer | **Horaires d'ouverture** Tous les jours de 8 h à 17 h | **À savoir** La spécialiste des explorations Chantal Edel a déclaré : « Crevaux s'est distingué de la plupart des explorateurs de son temps en voyageant seul, tout juste escorté par quelques canotiers choisis sur place, et lesté de l'indispensable : deux chemises, un hamac, une moustiquaire, des vivres pour quelques jours, quelques instruments… »

20 Le campus Artem

Lieu des cerveaux en ébullition

C'est sa verrière rose et bleue qui interpelle et qui intrigue. Sorti de terre par tranches successives entre 2012 et 2017, le campus pluridisciplinaire Artem de Nancy regroupe l'École des mines de Nancy, l'École nationale supérieure d'art et de design de Nancy et l'ICN Business School en un assemblage de trois grandes nefs, séparées par des patios végétalisés et un parcours pédestre le long d'une galerie de 300 mètres. Installé sur le site des anciennes casernes Molitor-Manutention, dans le quartier résidentiel d'Haussonville-Blandan-Donop, le campus Artem illustre la reconquête urbaine d'un terrain de friches militaires de près de 10 hectares.

Ce campus avant-gardiste a été conçu en écho aux grands tracés nancéiens, tels la place Stanislas, la place de la Carrière ou le cours Léopold. Pensé comme un véritable morceau de ville et un nouvel espace accessible à tous, il est doté de bâtiments aux couleurs vives et aux formes irrégulières, décors du ballet incessant d'étudiants ou de chercheurs qui se pressent sous l'arche colorée et de flâneurs du quartier en balade. Inspiré par les figures emblématiques de l'École de Nancy comme Jean Prouvé, Jean Daum ou Émile Gallé, l'architecte-urbaniste Nicolas Michelin a réalisé ce projet en jouant avec les matériaux phares de l'époque : l'acier et le verre. On peut admirer les traditionnels motifs végétaux, à l'image des colonnes-palmes à trois ou cinq branches ou des îles-jardins rythmant la galerie, mais également des innovations techniques posant les bases d'un système écologique vertueux.

Véritable tour de passe-passe, l'architecte a réussi à rendre le toit de verre rose pour une personne qui marcherait en direction du nord et bleu en direction du sud. Baignée dans cette lumière teintée surréaliste, cette galerie-promenade urbaine procure un véritable plaisir. Artem est de toute évidence le poumon vert d'un quartier égayé par ces cours, imaginées dans un but d'ouverture et d'échange.

Adresse 86-94 rue Sergent-Blandan, 54000 Nancy, www.alliance-artem.fr | Transports en commun Tram 1, arrêt Campus-Artem-Blandan ; Bus 11, arrêt Artem | À savoir Chaque cour séparant les écoles est marquée par une essence d'arbres dominante, mélangée à d'autres pour obtenir des contrastes : érables au sud, pins au centre et chênes au nord.

21 Le Casino des Familles

Sur les traces de Freud

À la fin du XVIe siècle, les architectes urbanistes de Charles III tracèrent deux axes : la rue Saint-Dizier et la rue Saint-Georges, dans le prolongement de la rue Saint-Jean. Deux portes monumentales du même nom reliaient les rues Saint-Georges et Saint-Jean. Mais l'extension de la ville et le passage du tramway ont fait sauter la porte Saint-Jean. C'est sur le terrain libéré par la destruction de l'ancien hospice Saint-Julien que le Casino des Familles, un lieu de divertissement, a ouvert en 1887. Sa surface fut doublée et son entrée déplacée rue Saint-Julien à la suite de travaux sur le bâtiment. Le nouvel établissement ouvrit en 1902. Les trois premières travées, contiguës à l'immeuble du chapelier Henri Camal, sont l'œuvre de l'architecte Louis Lanternier, créateur de Nancy Thermal (voir chap. 70). Quant à la partie droite de la bâtisse, édifiée en 1911, elle a été réalisée par l'architecte Fernand César.

Autrefois, le Casino des Familles, dirigé par Marie-Joseph Prévost, faisait salle comble : les habitués s'agitaient sur leur banquette de bois entre les numéros de prestidigitateurs ou de danse. Mais l'événement majeur de cette époque fut la conférence de Sigmund Freud en ces lieux.

En juillet 1889, Freud quitta Vienne et, fait peu connu, vint s'instruire auprès de ceux qu'il a appelés ses maîtres nancéiens : « Dans l'intention de parfaire ma technique hypnotique, je partis, l'été de 1889, pour Nancy, où je passai plusieurs semaines. Je vis le vieux et touchant Liébeault à l'œuvre, auprès de femmes et enfants de la population prolétaire ; je fus témoin des étonnantes expériences de Bernheim sur les malades d'hôpital, et c'est là que je reçus les plus fortes impressions relatives à la possibilité de puissants processus psychiques demeurés cependant cachés à la conscience des hommes. Afin de m'instruire, j'avais amené une de mes patientes à me suivre à Nancy », lit-on dans « Freud et l'école de Nancy », un article de Dominique Barrucand, médecin et psychiatre, publié à Nancy en 1985.

Adresse 7 rue Saint-Julien, 54000 Nancy | Transports en commun Tram 1, arrêt Cathédrale | À savoir Un foisonnant roman de Michel Picard, *Freud à Nancy,* publié aux éditions Autrement, relate la visite du psychanalyste dans les années où Maurice Barrès menait une campagne électorale nationaliste et raciste.

22 Les chardons de Lorraine

Un must chocolaté

C'est l'emblème de la Lorraine – et même plus : le chardon est associé à la devise de la région « Qui s'y frotte s'y pique », introduite par René II de Lorraine en souvenir de la défense acharnée que menèrent les habitants de la ville face à Charles le Téméraire. Et pourtant le chardon est angevin, comme René Ier de Naples, qui, en sa qualité de duc consort de Lorraine de 1431 à 1453, l'introduisit dans la région ! La plante orne aussi le blason, l'emblème et les armoiries de la ville. Mais pour tous les amateurs de chocolat, les fameux chardons sont une délicieuse confiserie, dont l'artisan Alain Batt a fait l'une de ses spécialités.

Cette plante à la fleur allant du violet au rouge, que l'on nomme aussi chardon aux ânes, a été source d'inspiration et est devenue l'une des spécialités typiques de la région, confectionnée depuis le milieu du XIXe siècle par les confiseurs de Nancy. Imitant l'aspect de l'emblème de la Lorraine, une coque en forme de boule épineuse renferme de l'eau de vie en son cœur.

Les chardons lorrains se déclinent en diverses couleurs. Avant de les goûter, on se fait une joie de découvrir ses nombreuses déclinaisons jaunes, roses, vertes et blanches… Une accumulation de teintes déjà savoureuse et étonnante dans des sachets. La coloration indique le type d'alcool que le chardon renferme : jaune pour la mirabelle, vert pour la chartreuse, rose pour la framboise, et blanc pour le marc de Lorraine.

La technique de fabrication de ces petites boules gourmandes et alcoolisées consiste à réaliser une coque renfermant un alcool, avant de l'enrober d'un chocolat noir, blanc ou au lait : une couverture chocolatée d'une extrême finesse. Cette plante devenue une gourmandise piquante se déguste de préférence au moment du café : un *must* ! Les chardons lorrains sont la cerise sur le gâteau d'un moment convivial, et adulte, on n'en fait qu'une bouchée !

Adresse Alain Batt Chocolats, 40 rue Saint-Georges, 54000 Nancy, tél. 03 83 35 70 00, www.alainbatt.com | Transports en commun Tram 1, arrêt Cathédrale | Horaires d'ouverture Du lundi au samedi de 8 h 30 à 19 h. Il est possible de visiter la chocolaterie sur réservation sur le site internet | À savoir La formule entrée dans le langage courant « Qui s'y frotte s'y pique » signifie entre autres « À trop chercher les ennuis, on en subit les conséquences ». À méditer…

23 Le château de madame de Graffigny

À la mode de Zilia

Le château de madame de Graffigny vaut le détour pour son jardin enclos. Deux cèdres du Liban plantés par Mathieu de Dombasle (voir chap. 79) au XIXe siècle en sont l'attrait principal, mais il accueille également d'autres espèces remarquables comme un ginkgo biloba, un néflier et un paulownia. Le parc est aussi l'écrin d'œuvres monumentales, comme ce géant masaï du sculpteur Jean-No – de son vrai nom Jean-Noël Renard – réalisé avec des vis et des écrous de récupération. Et puis il y a ce totem en bois du sculpteur Dominique Renaud, clin d'œil au tout premier roman épistolaire, *Lettres d'une Péruvienne,* écrit par la fameuse madame de Graffigny, femme de lettres la plus en vogue de la fin du XVIIIe siècle.

Paru en 1747, le roman en question relate la vie de Zilia, jeune femme inca séparée de son fiancé Aza lorsqu'elle est enlevée par des conquistadors espagnols pour être amenée de force en Europe. Le roman fut un tel succès qu'une nouvelle mode, dite « à la Zilia » – avec coiffure et vêtements à la péruvienne –, envahit Paris à cette époque.

Le château de madame de Graffigny regroupait autrefois des maisons de village acquises par Dominique Constant, cuisinier de la duchesse de Lorraine et père de Raymond Constant, peintre des églises de Nancy, puis par la famille Collonet, apparentée aux Callot, dont est issue madame de Graffigny, arrière-petite-nièce du célèbre graveur. Madame de Graffigny hérita de cette belle maison de maître du XVIIIe siècle de sa mère Marguerite Christine Callot. Elle s'y installa au lendemain de son mariage avec François Huguet de Graffigny, officier au service du duc de Lorraine. Vivant un calvaire avec cet homme choisi comme époux par son père, l'écrivaine, pour lui échapper, quitta le domaine en 1818. Elle entra alors à la cour de Lunéville, où elle put notamment rencontrer Voltaire et Émilie du Châtelet.

Adresse 27 rue Albert-Ier, 54600 Villers-lès-Nancy, tél. 03 83 92 32 40 | **Transports en commun** Bus 16/51, arrêt Villers-Église | **Horaires d'ouverture** Le parc : en basse saison, tous les jours de 8 h à 18 h 30. En haute saison, tous les jours de 8 h à 20 h 30 | **À savoir** Le château a été rénové en 1865. Aujourd'hui propriété de la ville de Villers, il accueille des réceptions et des expositions.

24 Le cimetière de Préville

Le monument funéraire de la famille Corbin

Entrepreneur et homme d'affaires français, Jean-Baptiste Eugène Corbin fut artiste amateur et fortuné. Il devint un important collectionneur d'art et mécène majeur du mouvement Art nouveau de l'École de Nancy. En 1906, lors de l'agrandissement de son magasin, il fit travailler une pléiade d'artistes de ce mouvement. Eugène Corbin est décédé en 1952, mais son souvenir resta vivace du fait de sa popularité, ce qui fit écrire à Gabriel Bichet de *L'Est républicain* : « Et c'est ainsi qu'aimant sa ville [...] il sélectionna les éléments constitutifs d'un musée de l'École de Nancy [...] Ce musée présentait ceci de propre qu'il comportait un échantillon de tous les moyens d'expression artistique d'un mouvement dont la sève se traduisit en fécondité et en diversité. » Et c'est là où son histoire croise celle du cimetière de Préville.

En 1820, en raison de la saturation des anciens cimetières dispersés dans la ville, la question de la création d'un nouveau cimetière se posa. Le site de l'ancien domaine de Préville, datant du XVIIIe siècle, fut choisi et acheté par la municipalité. Dès 1842, le cimetière de Préville, situé au centre-ouest entre le quartier de la gare et le quartier de la Commanderie, accueillit progressivement les tombes monumentales de noms prestigieux. Le peintre Émile Friand le représenta en arrière-plan sur son célèbre tableau *La Toussaint*. Construite comme un instantané photographique, un fragment d'espace et de temps, la scène représente l'entrée au cimetière de Préville à Nancy, le jour de la Toussaint. De cette frise de noirs vibrants se détachent des visages patiemment étudiés en atelier et vraisemblablement peints d'après photographies. Quant au monument funéraire de la famille Corbin, érigé en 1901 en granit sombre, on le doit à l'architecte nancéien Lucien Weissenburger et ses sculptures en bronze sont d'Alfred Finot, statuaire et décorateur, tous deux enterrés dans ce même cimetière.

Adresse 88 rue Raymond-Poincaré, 54000 Nancy | Transports en commun Bus 4, arrêt Préville | Horaires d'ouverture Tous les jours de 8 h à 17 h | À savoir Le médaillon central de la tombe est dédié à Antoine Corbin, fondateur des Magasins réunis de Nancy, disparus depuis, et père d'Eugène qui reprit l'entreprise familiale et la fit fructifier.

25 La cité-jardin

Un projet urbanistique raté

En 1901 naît la cité-jardin de Saurupt, inspirée par plusieurs projets anglais du même type et par la parution de *Garden Cities of Tomorrow* du Britannique Ebenezer Howard. Il y décrit les « cités-jardins de demain » et développe un concept nouveau de « ville-satellite » à la campagne. Georges Benoît-Lévy, journaliste français, est l'un de ceux qui contribuèrent au développement en France de ces cités-jardins qu'il visualisait en une « diversité de l'architecture des pavillons », imaginant les « courbes des avenues » et « les jardinets fleuris qui les bordent ».

Au XXe siècle, le spectaculaire essor démographique de Nancy est à l'origine d'une grave crise du logement ; la population était alors à l'étroit dans les limites de la ville du XVIIIe siècle. C'est à l'initiative de propriétaires privés de l'époque que de nouvelles rues sont percées afin d'agrandir la surface habitable ; de fait, de nouvelles expériences urbanistiques éclosent un peu partout. La création du parc de Saurupt en est une : parc de maisons enclos par des grilles créé par Jules Villard, il comporte 88 propriétés sur 18 hectares. Il est situé à l'écart de Nancy, près du ruisseau de Nabécor.

Saurupt est à l'origine un lieu-dit, légué aux Hospices de Nancy à la mort de son dernier propriétaire, Alfred Hinzelin. Sa veuve obtint de conserver la propriété, mais elle fut contrainte de se séparer d'une grande partie des terrains pour préserver le château. Son nouveau mari, Jules Villard, se lança alors dans la construction de résidences bourgeoises « entre ville et campagne » destinées à une clientèle aisée. Il fit appel aux représentants locaux de l'Art nouveau, notamment Émile André et Henri Guitton, pour sa mise en œuvre.

Mais le projet fit un flop – les maisons ne trouvèrent pas preneur : Jules Villard se vit contraint de le rendre moins élitiste et plus accessible aux classes sociales basses. Il fut achevé dans les années 30 et devint, dès lors, le point d'ancrage du style de l'École de Nancy.

Adresse Cité-jardin du parc de Saurupt, 54000 Nancy | Transports en commun Bus 14, arrêt Parc-de-Saurupt | À savoir Des visites thématiques sont possibles pour découvrir le précieux témoignage des considérations urbanistiques de la Belle Époque (renseignements auprès de l'office de tourisme de Nancy).

26 Le Cœur du Grand Nancy

Sculpture à message

C'est à l'artiste plasticien argentin Jorge Orta que fut confiée la création de cette étrange sculpture qui célèbre le don d'organes. *Le Cœur du Grand Nancy* se dresse tout à côté de la gare. D'abord, on est surpris par cet amoncellement de cœurs en bronze. Puis, on se souvient que le cœur est l'une des représentations de l'amour et que cet organe essentiel est le fondement de la vie, la source de toute action.

Terminée en 2003, cette sculpture a pour but de « sensibiliser le grand public à la réussite de la transplantation et à la nécessité du don d'organes, en mettant en lumière des athlètes greffés ». La plupart de ces athlètes ont même fait le déplacement à Nancy pour les quatorzièmes Jeux mondiaux des transplantés, à la fois une première pour la France et pour le Grand Nancy, qui accueillait sa première compétition internationale. Au sommet de l'œuvre, un cœur finement doré à l'or scelle la charte du don : il est le fruit du travail de 35 000 collégiens du département de Meurthe-et-Moselle.

Le Cœur du Grand Nancy est aussi un point de départ du parcours urbain ADN – Art Dans Nancy –, incitant à une balade artistique autour de 30 œuvres parsemées de la Ville Vieille à la place des Vosges. Et comme un paradoxe urbanistique, la statue est au pied de la plus haute tour de Nancy : la tour Thiers, devenue en un jeu de mots des Nancéiens la « tourtière ». Elle est un vestige du rêve américain ayant saisi dans les années 70 les édiles de la ville, qui pensaient que le « style nouille ou guimauve » de l'École de Nancy devait céder la place à des tours modernes et sans grâce. Si la tour Thiers a bel et bien été construite, l'édification de sa jumelle a été évitée de peu. Vingt-deux étages qui se dressent et défigurent le paysage de ce quartier aux deux gares, avec son nouveau centre de congrès Prouvé et sa station de tram qui illustrent les mutations urbaines de la ville.

Adresse Place de la République, 54000 Nancy | Transports en commun Tram 1, arrêt Nancy-Gare | À savoir Le cœur, organe vital et motif artistique, invite ici à des pensées humanistes, en ouvrant des horizons de sensibilité vers un idéal de solidarité.

27 La collection du château de Montaigu

Le souhait d'Édouard Salin

Fier d'être lorrain, Édouard Salin n'avait qu'un souhait : léguer sa maison et ses collections afin d'entraîner les visiteurs au cœur de l'histoire de la région et entretenir la mémoire collective. Dès 1935, cet ingénieur travaillant aux forges d'Audincourt se tourna vers l'archéologie, sa passion d'adolescence, pour des raisons de santé. Il mena d'importantes recherches dans les nécropoles mérovingiennes des départements lorrains, dans le Doubs, en Haute-Marne et en Haute-Saône. Les nécropoles du Champs des Tombes à Pompey et de Villey-Saint-Étienne, toutes deux en Meurthe-et-Moselle, ont livré des objets fascinants radiographiés par cet archéologue passionné.

Le souhait de l'archéologue a été exaucé et sa demeure, le château de Montaigu, transformée en musée. Le premier étage reflète la richesse de ses découvertes ; la salle des Grandes Invasions est énigmatique et passionnante. « Les découvertes issues des fouilles des nécropoles y sont présentées de manière à souligner la diversité des productions du haut Moyen Âge et les différents types de mobilier accompagnant le défunt dans sa sépulture : armement, verreries, céramiques, monnaies, objets de parure… », lit-on dans le guide de visite fort bien fait. De temps à autre, du premier étage, on peut jeter un œil au cadre bucolique de cet ancien rendez-vous de chasse et à son merveilleux parc. Vénus et putti égayent les allées de ce jardin de plus de 13 hectares, ce qui en fait l'un des plus grands de l'agglomération nancéienne.

Pour Édouard Salin, le château de Montaigu était une « maison française », titre d'un ouvrage qu'il écrivit en 1936 à l'achèvement de la restauration de cette demeure qu'il a protégée sa vie durant. Œuvre d'Albert Jasson, elle fut restaurée dans le goût du XVIIIe siècle par Pierre Lebourgeois avec la complicité du décorateur Adrien Karbowsky.

Adresse 167 rue Lucien-Galtier, 54410 Laneuveville-devant-Nancy, tél. 03 83 32 18 74, www.chateaudemontaigu.eu | Transports en commun Bus 21, arrêt Musée-de-l'Histoire-du-Fer | Horaires d'ouverture D'avril à septembre, le vendredi, le samedi et le dimanche de 10 h à 12 h et de 14 h à 17 h | À savoir Le domaine tient son nom d'un ermitage tout proche qui abritait une statue de Notre-Dame de Montaigu.

28 La commanderie Saint-Jean-du-Vieil-Aître

Vestige d'une commanderie hospitalière

Elle est facilement repérable à son allure massive, ses lucarnes jumelles et son toit recouvert d'ardoise. Cette tour ronde édifiée au XIIe siècle est le plus ancien monument de Nancy et le vestige d'une ancienne commanderie hospitalière dédiée à saint Jean de Jérusalem. Il s'agit aussi de l'un des rares monuments de style roman tardif de la ville – le nom de « Vieil-Aître », accolé à celui de Saint-Jean, vient sans doute d'un cimetière tout proche.

La tour est ce qui reste d'une église fondée par le duc Mathieu Ier et détruite au milieu du XIXe siècle. Elle comprenait une abside voûtée, prolongée au début du XVIe siècle par une nef de style gothique flamboyant. La commanderie Saint-Jean-du-Vieil-Aître a donné son nom à un faubourg et à un étang de la ville, depuis longtemps asséché, mais profondément ancré dans l'histoire de Nancy. Ce lieu est connu pour avoir été le quartier général du duc de Bourgogne, Charles le Téméraire, quand il assiégea la cité d'octobre 1476 à janvier 1477. Face à lui René II, jeune chevalier et héros lorrain, défendit les murailles. Avec succès : la bataille de Nancy mit fin aux ambitions de l'envahisseur trop téméraire. C'est à quelques encablures de cette tour, à l'endroit du trépas du terrible oppresseur, que se trouve la place de la Croix-de-Bourgogne. Peut-on encore imaginer qu'il y a plus de 500 ans, en ces lieux, se déroulèrent les événements qui marquèrent la destinée de Nancy ?

Cette commanderie, dépendant du grand prieuré de Champagne, rassemblait des religieux qui soignaient les malades. Elle avait une certaine indépendance vis-à-vis du duché de Lorraine, avec lequel elle entretenait de bonnes relations. Durant plusieurs siècles, la chapelle, réservée aux offices, servit aussi de lieu de sépulture aux chevaliers de l'Ordre. À la Révolution, la commanderie Saint-Jean connut le même sort que bien d'autres édifices religieux : tous ses biens furent vendus.

Adresse 84 impasse Clerin, 54000 Nancy | Transports en commun Bus 11, arrêt Commanderie | Horaires d'ouverture Propriété de la ville, la tour ne se visite pas | À savoir En 1099, le roi de Jérusalem Godefroy de Bouillon aurait fait des dons à l'ordre de Saint-Jean de Jérusalem, c'est ainsi que seraient nées les commanderies.

29 Les constructions de la rue Pasteur

Témoignages d'une époque

Construite entre 1906 et 1907 pour Eugène Biet, représentant de commerce, par son frère l'architecte nancéien Georges Biet, cette maison située au 51 rue Pasteur mérite le détour. D'inspiration médiévale, sa grille d'entrée et sa décoration florale à motifs de tournesol se rattachent à l'écriture décorative de l'École de Nancy. De style Art nouveau, elle témoigne d'une période faste, tout comme la maison d'artiste du peintre lorrain Alfred Renaudin, située sur un vaste terrain contigu au parc Sainte-Marie. Ces deux maisons illustrent le renouveau urbain de la rue Pasteur, où les éléments d'architecture relevaient d'une esthétique du quotidien. L'autre bâtisse, dite « villa Ambiel-Renaudin », fut construite en 1902 pour madame Georges Ambiel par Lucien Bentz et son décor sculpté est l'œuvre d'Auguste Vautrin, deux noms gravés sur la façade antérieure de la maison. La maison fut achetée en 1906 par le peintre lorrain Alfred Renaudin, considéré, à juste titre, comme l'un des plus grands paysagistes lorrains de l'entre-deux-guerres.

Fraîchement marié à Marie Marguerite Zeller, il partageait son temps entre son atelier parisien, installé rue Caulaincourt, et celui de Nancy. Ses toiles représentaient campagnes et villages nimbés d'une lumière douce et chaude. Son coup de pinceau détaillait les paysages fascinants de son adolescence. Lors d'une exposition, le peintre aurait déclaré au maréchal Lyautey : « Je veux qu'on se promène dans mes toiles. Je n'ai d'autre ambition que de faire éprouver aux autres, devant mes tableaux, ce que j'ai éprouvé moi-même. » Et c'est ce talent de coloriste doublé d'un sens inné de la composition qui a façonné une œuvre remarquable. Aucun peintre n'a mieux rendu l'atmosphère de la Lorraine et des Vosges que Renaudin. Ayant vécu les trois guerres, il demeure aussi un témoin de son époque et une mine iconographique précieuse. L'homme figure au panthéon des grands artistes peintres.

Adresse 51 rue Pasteur, 54000 Nancy | Transports en commun Bus 16, arrêt Dupont-des-Loges | À savoir Surnommé « Monsieur gris subtil », Alfred Renaudin a fait l’objet d’un catalogue raisonné sous l’impulsion de l’association des Amis d’Alfred Renaudin et de son président, Oliver Béna.

30 La Cure d'Air Saint-Antoine

Un coin de paradis

Par beau temps, on aperçoit la ligne bleue des Vosges depuis ce jardin perché sur les hauteurs de Nancy. D'une superficie de 2,5 hectares, le parc de la Cure d'Air, agrémenté de pommiers, de poiriers, de noyers et de noisetiers, a gardé des temps anciens un air champêtre qui attire les promeneurs grâce à sa guinguette et à ses jeux pour enfants.

C'est en 1900 que l'abbé Jean-Sébastien Girard, ancien aumônier militaire, fait construire le bâtiment au cœur du parc. La Cure d'Air Saint-Antoine, maison de repos aux 45 chambres, recevait les malades et les convalescents. L'air pur de ce parc à 300 mètres d'altitude contribuait au prompt rétablissement des pensionnaires, mais la Première Guerre mondiale porta le coup de grâce à cet établissement de soin. Si le bâtiment n'accueille plus de patients, le parc, lui, n'est pas tombé en désuétude, bien au contraire. Devenu jardin public, il se transforme l'été en un lieu de vie unique grâce à sa guinguette saisonnière.

En 1904, l'écrivain lorrain régionaliste, Émile Badel, s'enthousiasme pour le superbe panorama de ce parc dans son *Dictionnaire historique des rues de Nancy* : « Ces bâtiments tout neufs qui dominent la ville de Nancy, c'est la Cure d'Air [...] De ces hauteurs et de ce sommet vraiment privilégié, à côté des senteurs embaumées et fortifiantes des sapinières Saint-Michel, à côté des frondaisons épaisses de la grande forêt de Haye, la vue s'étend à des lieues et des lieues [...] C'est Nancy qui s'étend toujours en rues nouvelles et en quartiers neufs, vers cette courbe adorable qui va de Laxou à Vandœuvre par la goulette de Maréville et dans les pentes boisées de Rémicourt, de Villers et du Montet si grimpant. On voit la ville s'étendre et s'allonger sans cesse [...] De la Cure d'Air on voit tout cela... et bien d'autres choses encore. C'est un infini régal pour les yeux... c'est un charme souverain pour la reposée bienfaisante du corps et de l'esprit. »

Adresse 54 rue Marquette, 54000 Nancy | Transports en commun Bus 4, arrêt Marquette | Horaires d'ouverture D'octobre à fin février de 8 h à 17 h ; en mars de 8 h à 18 h ; en avril et mai de 8 h à 19 h ; de juin à août de 8 h à 21 h ; en septembre de 8 h à 19 h | À savoir Côté Nancy, la façade de la maison de repos est surmontée d'une statue monumentale de 3 mètres de haut de saint Antoine de Padoue bénissant la Cité ducale. De là lui vient d'ailleurs son nom.

31 Curionomie

Des expériences uniques clé en main

Pour découvrir une ville, rien de mieux que de profiter de parcours inédits adaptés à chaque personne. Une évidence pour Marie-Pierre Dardaine, qui a repris les rênes de l'entreprise Curionomie, fondée par Laure Hammerer selon le principe de la « curionomie », la science de la curiosité et de l'art de s'émerveiller.

Curionomie propose un concept d'escapades mystérieuses destinées à explorer Nancy et ses alentours de façon originale et ludique. Dédiées aux particuliers, ces escapades sont personnalisées et réglées au détail près grâce à un questionnaire prérempli. Ce n'est pas le questionnaire de Proust, mais cela y ressemble à en juger par les questions posées : quel est l'outil qui vous caractérise le mieux et pourquoi ? Quel est votre plat favori ou ce que vous grignotez dès que possible ? Quelque chose que vous aimeriez apprendre ? Un souvenir heureux auquel l'itinéraire pourrait faire écho ? Un projet ? Un rêve ? Une utopie ?

La cheffe d'entreprise a aussi imaginé plusieurs circuits thématiques variés, axés sur la gourmandise, la nature, le bien-être ou encore l'art. Tous permettent de découvrir Nancy sous un nouveau jour. Pour n'en citer que quelques-uns : les épicuriens seront tentés par le Curiotour gourmand, la découverte du savoir-faire des producteurs et de leurs spécialités salées et sucrées ; quant à ceux qui aspirent à la quiétude, ils se laisseront porter par le parcours Zénitude. Les accros de verdure prendront part au Curiotour nature et partiront en « explorateurs du vivant » en milieu urbain. Les amateurs d'art et d'histoire ne seront pas en reste avec le Curiotour Stanislas et ses visites théâtralisées qui déroulent les étapes de l'existence de celui qui a marqué la ville de son empreinte. Marie-Pierre Dardaine n'a qu'un seul objectif : remettre l'humain au cœur de ces tours « curionomiques » en valorisant l'offre artistique et artisanale de la ville et en créant du lien entre les locaux.

Adresse Marie-Pierre Dardaine, Curionomie, tél. 06 45 34 21 91, www.curionomie.fr | Transports en commun La plupart des départs se font de la gare de Nancy | À savoir Les escapades sont aussi organisées pour des entreprises, toujours dans un esprit d'entraide et de découverte du patrimoine.

32 Dao Davy

L'esprit jeans

Vêtement indémodable depuis son invention au XIXe siècle, le jeans et sa toile denim se retrouvent dans toutes les garde-robes. Mais à une période où l'on s'interroge sur l'impact écologique du denim, la marque made in France DAO souhaite proposer un produit plus respectueux de l'environnement.

Aux commandes de la fabrique des jeans DAO, Dao Davy, dont le prénom signifie « étoile ». Était-il donc écrit que ce jeune homme né à Troyes en 1987 de parents vietnamiens créerait sa propre enseigne ? Attiré par la mode, Dao démarre sa carrière dans le secteur du textile, notamment pour différentes marques de jeans. Lors d'un voyage au Vietnam, il prend conscience de l'envers du décor de cette industrie. Souhaitant ajouter sa pierre à l'édifice, mais selon ses conditions, le jeune entrepreneur passionné, rejoint par son frère et par un ami, fonde sa marque en 2006 et décide de produire entièrement en France, de manière transparente et responsable. Il ouvre son premier atelier avec trois machines dans son studio de 21 mètres carrés, qui voit naître sa première collection de jeans pour homme.

C'est en 2014 que sa première boutique, Denim Fabric, ouvre ses portes près de la place Stanislas, et propose des jeans sur mesure : coupes, finitions, tissus. Aujourd'hui, Dao Davy incarne avec discrétion une jeune génération de tailleurs français. Ingénieux, cet entrepreneur rivalise d'idées pour réduire son impact environnemental dans la fabrication des pièces, considérées comme branchées par toutes les générations. Il a ainsi diversifié ses modèles avec des matières naturelles : la gamme « Confort Denim » est un ensemble de pièces confortables et épurées tandis que « Selvedge Denim » propose des pièces réalisées à partir de coton sélectionné sur d'anciennes machines à tisser avec leurs lisières « bords finis ». Sollicité en période de crise sanitaire, le courageux couturier nancéien a fabriqué en 2021 plus de 850 000 masques à destination des Meurthe-et-Mosellans.

Adresse 5 rue Saint-Nicolas, 54000 Nancy, tél. 03 55 20 75 41, daodavy.com | Transports en commun Tram 1, arrêt Cathédrale ; Bus Citadine 1, arrêt Faïencerie | Horaires d'ouverture Le lundi de 13 h 30 à 19 h et du mardi au samedi de 10 h à 19 h | À savoir Il est possible de visiter sur rendez-vous l'atelier textile Dao Davy à Maxéville, dans la banlieue de Nancy.

33 La demeure Huot

Singulier ou pluriel ?

Depuis les trains qui partent vers le nord de Nancy, on découvre cette maison qui ne laisse personne indifférent. Nommée d'après son commanditaire d'origine mosellane, Frédéric Huot, cette demeure combine deux maisons jumelles. Rentier âgé de moins de 30 ans, Frédéric Huot opta pour la France au lendemain de la guerre et s'installa à Nancy en 1895. C'est au printemps 1903 qu'il commanda deux maisons en apparence semblables – d'où l'appellation unique de « demeure Huot » qui désigne en réalité deux maisons – à Émile André, dont la carrière était alors en plein essor. Il lui laissa beaucoup de liberté lors de la construction et permit au jeune architecte d'exprimer son art, directement lié à celui de l'École de Nancy. Émile André œuvra avec subtilité et ingéniosité à l'exécution de deux maisons complètement différentes, l'une étant même un peu plus grande que l'autre.

L'architecte reprend ici des formes expérimentées dans ses villas du parc de Saurupt (voir chap. 25) et dans l'immeuble Lombard, avenue Foch. Ces maisons semblent être un aboutissement des recherches formelles d'Émile André : algues lamellaires sur les pignons, pommes et épines de pin sur la porte-cochère, fleurs stylisées sur les cheminées, encadrements des fenêtres et décors des vitraux… Ce sont autant de formes végétales finement sculptées typiques du style Art nouveau qui forment un joyau architectural, synthèse des diverses formes utilisées par l'architecte : soupiraux en aile de papillon, fenêtres en fer à cheval, porte-cochère à chambranle à crossettes – appelée également oreillon –, lucarnes-pignon couronnées de gâbles ou figures triangulaires.

Les maisons Huot sont deux édifices qui, dès leur achèvement, furent reconnues comme emblématiques d'une période créative. Appartenant aujourd'hui à des particuliers, elles ne se visitent pas, mais derrière les grilles, leur beauté saute aux yeux.

Adresse 92 et 92bis quai Claude-le-Lorrain, 54000 Nancy | Transports en commun Bus Citadine 1, arrêt Manufacture | À savoir Le balcon en bois du 92bis est inspiré de l'architecture balnéaire très en vogue à l'époque. De couleur sombre, il contrastait avec la ferronnerie de la porte, peinte en clair. Aujourd'hui, le balcon est incomplet et les teintes sont inversées.

34 La Douëra

La « petite maison » de Malzéville

Cette drôle de petite mosquée cairote et son minaret s'élançant vers le ciel détonnent dans le paysage de Malzéville. Le minaret et ses rayures roses ainsi que les fenêtres aux arcs brisés relèvent d'une esthétique mozarabe, l'un des rares témoignages en Lorraine de la mode orientaliste du XIXe siècle.

La Douëra doit son existence à Charles Cournault, peintre et archéologue, élève d'Eugène Delacroix, qui se rendit à trois reprises en Algérie autour de 1840. Féru de voyages, il réutilisa les codes architecturaux et décoratifs du monde oriental dans la maison familiale, qui venait alors du côté de son épouse. La bâtisse a évolué au fil du temps : Charles Cournault a d'abord fait construire le minaret tout en conservant, dans un premier temps, les volets pour garder le cachet lorrain de la maison. En 1890, il a fait installer le chauffage central, puis le toit-terrasse. Un mélange des genres accentué par les peintures arabisantes, égyptiennes, et les lettres arabes peintes par des artisans lorrains.

Cette demeure renferme trois superbes salons : le salon persan, dont le plafond est peint sur une toile tendue, le diwan et l'atelier, aux motifs et plafonds peints, qui abrite des objets et collections orientales. Le jardin, quant à lui, est caractéristique des jardins d'agrément des résidences bourgeoises du XIXe siècle. Émouvant détail, dans la pièce attenante à la salle des mariages, à côté de l'étagère, on retrouve une toise et ses traits de crayon visibles pour montrer l'évolution de la taille d'Étienne Cournault – le fils de la famille – de 1,40 mètre à 1,75 mètre. Après le départ de la veuve d'Étienne, les pièces ont été vidées de leur mobilier, mais il en reste quelques traces. Aujourd'hui, la Douëra est une propriété de la ville et est entretenue par l'association Les Amis de la Douëra, qui organise des manifestations pour redonner vie au lieu. La maison se visite à l'occasion des Journées du patrimoine. Le jardin, quant à lui, reste accessible toute l'année au public.

Adresse 2 rue du Lion-d'Or, 54220 Malzéville, tél. 03 83 29 43 78 | Transports en commun Bus 13, arrêt Douëra | Horaires d'ouverture Parc : tous les jours de 8 h 30 à 18 h | À savoir À l'époque de Charles Cournault, l'orientalisme était à la mode. Les plus grands peintres, dont Jacques Majorelle, exploraient de leurs pinceaux la lumière, la couleur et les paysages de l'Orient.

35 L'église des Cordeliers

Un lieu de culte en signe de gratitude

La bataille de Nancy opposant les armées de René II de Lorraine et de Charles le Téméraire fut rude, et son issue retentissante. Nous sommes en 1477 et, fort de sa victoire, René II fait ériger une église dédiée à la Vierge de l'Annonciation en signe de gratitude et un couvent pour permettre à des religieux de la communauté des Cordeliers de bénéficier d'un lieu de vie et de recueillement.

Le couvent des Cordeliers fut construit entre 1477 et 1487 à l'emplacement des anciennes écuries du palais ducal. Lorsque René II mourut en 1508, il fut le premier duc inhumé dans l'église, qui devint dès lors la première nécropole de la famille de Lorraine. Voulue par Charles III, la chapelle ronde des Cordeliers a été bâtie sous le règne de son fils Henri II entre 1609 et 1612, sans doute d'après les plans de l'architecte napolitain Jean-Baptiste Stabili. Édifice à plan centré, la chapelle est surmontée d'un dôme polygonal coiffé d'un octogone à lanternon et orné de 386 caissons sculptés d'anges, d'étoiles et des dates de règne des ducs Charles III, Henri II, François II et Charles IV. Esthétiquement, la chapelle évoque la Florence des Médicis, et pour cause : en 1737, François III, dernier duc héréditaire de Lorraine, quitta Nancy pour Florence, puis Vienne. Il devint François Ier de Habsbourg, empereur du Saint-Empire, et finança la restauration de la chapelle ducale de Nancy et de son décor intérieur. Il fit ajouter les deux ordres superposés de colonnes, les cénotaphes et le maître-autel. Gravement détériorée à la Révolution, la chapelle fut restaurée en 1817 par la famille de Habsbourg-Lorraine, toujours très attachée au lieu de repos funéraire de ses aïeux.

D'une grande sobriété, l'église des Cordeliers déploie une nef unique, longue de 73 mètres, bordée de chapelles latérales. On peut y découvrir des œuvres venues de toute la Lorraine, comme les stalles en bois du XVIIe siècle installées dans le chœur, provenant de l'abbaye de Salival. C'est un lieu inspirant et méditatif.

Adresse 66 Grande Rue, 54000 Nancy, musee-lorrain.nancy.fr | **Transports en commun** Bus Citadine 1, arrêt Musée Lorrain | **Horaires d'ouverture** Tous les jours sauf le lundi de 10 h à 12 h 30 et de 14 h à 18 h | **À savoir** L'église des Cordeliers fait aujourd'hui partie du Musée lorrain.

36 L'emblème de la Vieille Ville

Bienvenue à la porte de la Craffe

Son aspect actuel de style néogothique date de l'époque de la Restauration : la monumentale porte de la Craffe s'est métamorphosée au fil du temps. Vestige médiéval, cet édifice du XIVe siècle – en témoigne l'inscription « 1336 » sur son fronton – ne présente aucune similitude avec les autres portes de Nancy. Flanquée de deux tours jumelles depuis le XVe siècle, elle reste l'emblème de la ville. Elle en protège l'entrée nord et constitue l'un de ses plus anciens éléments de fortification. Son nom intrigue plus d'un passant, et pour cause : son sens demeure mystérieux. Apparu au début du XVe siècle, le vocable de Craffe a deux étymologies. En vieux français, « escraffe » ou « grafe » désignait soit un motif en forme de coquille (qui aurait décoré le claveau supérieur de la porte principale), soit une grosse agrafe métallique. Autre origine possible, Craffe serait la francisation du mot allemand *Kraft* ou *Kraffe* : « force » ou « porte fortifiée ».

La porte de la Craffe a résisté à la bataille de Nancy de 1477, opposant René II de Lorraine aux Bourguignons. Une sculpture de l'Annonciation – aujourd'hui conservée au Musée lorrain – avait été commandée par le duc à la suite de sa victoire sur le Bourguignon Charles le Téméraire. L'effigie protectrice de la Vierge de l'Annonciation ornait en effet l'étendard de René II et aurait protégé la ville des assauts de ses ennemis. Transformée en prison, la porte est devenue un petit musée par la suite : on peut toujours y voir des cachots, des instruments de torture qui servaient autrefois ainsi que de lourdes portes anciennes. C'est un lieu étrange, avec des recoins sombres et des gravures sur les murs. Peu de personnes savent que, lors des procès en sorcellerie des XVIe et XVIIe siècles, hommes et femmes accusés y étaient enfermés avant d'être envoyés sur le bûcher. Leurs gémissements se font encore entendre quand on passe sous la porte la nuit, dit la légende !

Adresse Porte de la Craffe, Grande Rue, 54000 Nancy | Transports en commun Bus Citadine 1, arrêt Porte-de-la-Craffe ; Bus 12/13/16/62, arrêt Charles V | Horaires d'ouverture Pour visiter la tour, contactez par mail l'office de tourisme de Nancy sur www.nancy-tourisme.fr | À savoir La croix de Lorraine gravée en 1860 sur la porte montre l'importance de ce symbole dans l'histoire de la ville et de la région. Elle évoque une vieille légende qui faisait du frère de Godefroy de Bouillon, roi de Jérusalem, le fondateur de la lignée paternelle du duc René II.

37 L'enseigne du Maure-qui-Trompe

Suivez la gargouille

Attestée dès le XIIe siècle, la rue du Maure-qui-Trompe est l'une des plus anciennes voies de la Cité ducale, répliquant le tracé des remparts primitifs de Nancy. Cette venelle a eu plusieurs noms au fil du temps. De 1551 à 1795, elle s'est appelée successivement « rue Derrière-Saint-Epvre », « rue du Maximum », « rue des Bons-Enfants », puis, en 1795 « rue de la Mort-qui-Trompe », reflet du gigantesque remodelage du quartier.

Depuis 1830, la rue du Maure-qui-Trompe doit son vocable pittoresque à l'enseigne d'une auberge représentant un homme enturbanné assis, soufflant ou buvant dans une trompe. Au Moyen Âge, toute personne d'origine arabe était appelée « maure », et ce Maure-ci était un repère. La légende dit aussi qu'un Maure surveillait la rue depuis une tour de vigie et pouvait alerter la population en cas de danger. De nombreux édifices s'implantèrent dans cette rue, jadis axe central de la ville, comme le premier établissement hospitalier, l'hôpital Saint-Julien, en 1335. En 1576, la Grande École, une école paroissiale, ainsi que le premier hôtel de ville de Nancy virent le jour. Ce dernier était situé à l'intersection des rues Gringoire et du Maure-qui-Trompe. L'immeuble qui subsiste fait l'objet d'une inscription au titre des monuments historiques pour sa porte monumentale. Au XIXe siècle, de 1863 à 1871, sous l'impulsion de l'abbé Trouillet, le quartier fut entièrement repensé. La basilique Saint-Epvre fut alors construite en remplacement d'une église plus ancienne (voir chap. 11).

La rue du Maure-qui-Trompe devait une grande partie de sa notoriété à une maison close – fermée en 1946 –, surveillée, dit-on, par une gargouille en forme de buste féminin, les seins nus, située à l'arrière de la basilique Saint-Epvre. Cette femme accroupie se bouchant les oreilles regardait – et regarde toujours – en direction de la maison de passe dont la façade, ornée d'un motif en forme de cœur, ne laissait aucun doute.

Adresse Rue du Maure-qui-Trompe, 54000 Nancy | Transports en commun Bus Citadine 1, arrêt Saint-Epvre ; Bus 12/13/16/62, arrêt Haut-Bourgeois | À savoir Avant la construction de la basilique Saint-Epvre, cette rue formait un S.

38_L'ensemble Poirel

L'ancêtre des centres culturels

La salle Poirel est le legs de Victor et Lisinka Poirel, couple passionné d'art, à la ville de Nancy. Lui était un ingénieur des Ponts et chaussées, né en 1804 à Rosières-aux-Salines. Elle était l'élève du peintre Eugène Delacroix et descendante de Barthélémy Guibal, sculpteur à qui l'on doit les fontaines de la place Stanislas et les statues du château de Lunéville.

En 1882, un an après la mort de son époux, Lisinska Poirel mit tout en œuvre pour répondre aux vœux de son défunt mari qui voulait pour sa ville « une salle de spectacles, de concerts et de conférences destinée aux réunions scientifiques, littéraires et artistiques, avec la possibilité d'y présenter des expositions de peinture ». L'ensemble Poirel a été construit à la fin du XIXe siècle, une réalisation qui est l'œuvre de l'architecte municipal Albert Jasson. Conçu entre 1888 et 1889, ce centre de création contemporaine offrait pour l'époque un programme d'avant-garde.

L'ensemble Poirel est composé de deux parties : d'une part, des galeries servant de lieu d'exposition, et d'autre part, une salle qui a pour vocation à accueillir de nombreux concerts, pièces de théâtre et spectacles pour le jeune public. Pensée comme un concentré de technologie architecturale avec ses poutres de fer cachées par la décoration, la salle a conservé son lustre d'antan : ses balcons, son cadre de scène, le vitrail de Champigneulles, les airs XVIIIe siècle de son théâtre à l'italienne et les noms de grands artistes et d'hommes politiques figurant sur les balcons. Inaugurées en 1889 en présence d'artistes importants comme Émile Gallé, Victor Prouvé, Louis Majorelle et Émile Friant, ces galeries ont vu naître les plus belles expositions de l'École de Nancy.

Elles ont aussi abrité les collections d'Eugène Corbin avant la naissance du musée consacré à ce mouvement artistique, ou tout récemment l'exposition Prouvé.

Adresse 3 rue Victor-Poirel, 54000 Nancy, tél. 03 83 32 31 25, www.poirel.nancy.fr | **Transports en commun** Tram, 1, arrêt Maginot | **À savoir** En 1999, un programme de rénovation conduit par l'architecte Vincent Brossy permit d'améliorer les conditions d'accueil du public, le travail des artistes et des techniciens, tout en préservant l'identité de ce lieu de mémoire.

39 L'Épicerie du Goût

Le temple des spécialités lorraines

La mirabelle est sans l'ombre d'un doute le fruit phare de la Lorraine. Dans l'antre gourmand de l'Épicerie du Goût, cette bille ronde et sucrée est déclinée sous toutes les formes et toutes les variétés. Séchée, au sirop, en confiture, glacée, en bonbon, en crème, en liqueur ou en eau-de-vie, elle trône aux côtés de plus de 1 500 produits divers, dont 80 % sont originaires de Lorraine.

Place Vaudémont, face à la statue de Jacques Callot – dessinateur et graveur lorrain –, ce repaire de gourmets est mené d'une main de maître par un duo de femmes : Marie (la tante) et Bénédicte (la nièce) de Metz Noblat. Créée en avril 2010, cette épicerie fine est riche des produits de petits producteurs locaux, reflétant toute l'âme de la Lorraine. Charcuteries, fumaisons, saucisson sec et potée lorraine côtoient des fromages affinés à souhait. Spécialiste des accords parfaits, Marie présente sur son plateau une soixantaine de fromages originaux et savoureux : « Notre caractéristique est d'avoir de vieux fromages, comme ce comté de 26 mois, très bien affiné ». Car le goût est une histoire de famille chez les Metz Noblat, où l'art du bien manger est hissé au rang de religion.

La boutique fait également la part belle à des pépites du terroir français et aux produits monastiques. De plus, Marie, fière présidente du Club des buveuses de bière à talons aiguilles de Lorraine, terre de tradition brassicole, aime organiser des dégustations au sein de l'épicerie et partager ses coups de cœur. Son plaisir du moment : les mariages savoureux entre bière et spécialités fromagères. « J'ai redécouvert les bières de ma région avec les microbrasseries et les bières artisanales. » Dans cette véritable caverne d'Ali Baba, on trouve des bières blondes ou ambrées de petites brasseries lorraines : la bière Gamote, la Fouillotte au sapin des Vosges, la Noiraude, la Grenouille Assoiffée, la Chaôuette ou encore la Duchesse de Lorraine, sans être exhaustif. De quoi mettre l'eau à la bouche !

Adresse 4 place de Vaudémont, 54000 Nancy, tél. 03 83 20 28 21, www.epicerie-du-gout.fr | Transports en commun Tram 1, arrêt Cathédrale ; Bus Citadine 1, Bus 12/13, arrêt Amerval | Horaires d'ouverture Du mardi au samedi de 10 h à 20 h | À savoir Marie de Metz Noblat réalise ses plateaux de fromages sur mesure, une sélection appétissante toujours composée d'un nombre impair. Vaisselle, textile et objets sont aussi en vente à la boutique et reflètent la passion de ces deux femmes qui explorent toutes les facettes du goût.

40 La façade de l'hôtel Lunati-Visconti

Un superbe décor nomade

Dans les contes de fées, on parle souvent de châteaux cachés au fond des bois. Le château de Renémont à Jarville-la-Malgrange cache quant à lui la façade Renaissance de l'ancien hôtel particulier Lunati-Visconti. Attribuée au sculpteur lorrain Florent Drouin – même si on la dit aussi importée d'Italie par le marquis de Lunati-Visconti –, cette pièce superbement sculptée laisse apercevoir des bas-reliefs et des portails à pilastres, caractéristiques de l'époque italienne. La magnificence de cette façade reflète ainsi la richesse de son commanditaire.

Et qui était donc ce riche commanditaire, à qui l'on doit cette magnifique devanture ? Le marquis Ferdinand de Lunati-Visconti, membre d'une puissante et ancienne famille de Milanais, s'était attaché à la fortune de Charles V de Lorraine et de son fils le duc Léopold, rencontré sur les champs de bataille en Hongrie. Devenu favori, comblé d'honneurs, ce commandant de la garde suisse du duc épousa Jeanne-Thérèse de Roquefeuil et fit construire un château à Frouard, dans la prairie du Pâquis, entre Moselle et Meurthe. Cet édifice n'existe hélas plus de nos jours. Lunati-Visconti fit également poser la façade Renaissance sur son hôtel particulier, située au 2 rue de Guise, au cœur de la ville de Nancy. Subsiste de la demeure de ce chambellan fortuné la porte à fronton semi-circulaire avec sa balustrade ajourée à pots à feu. Lunati-Visconti a cependant laissé un tout autre héritage : les films de l'un des fondateurs du néoréalisme italien, Luchino Visconti, descendant de cette famille noble.

Finalement, comment cette ornementation architecturale datant de la Renaissance s'est-elle retrouvée à Jarville-la-Malgrange ? L'hôtel Lunati-Visconti devait être détruit en 1842, mais un particulier se hâta d'en acquérir la façade et de la transférer au château de Renémont. Elle fut modifiée pour créer une galerie.

Adresse 6 avenue du Général-Leclerc, 54140 Jarville-la-Malgrange | Transports en commun Tram 2, arrêt Poirel | Horaires d'ouverture Le château accueille le CFA des Compagnons du devoir : tous les jours sauf le week-end de 8 h 30 à 12 h 30 et de 13 h 30 à 16 h | À savoir Le parc dans lequel se dresse cette façade a reçu le nom de Renémont en souvenir du 5 janvier 1477, date à laquelle le duc René II fit avancer la plus forte partie de son armée contre les Bourguignons, qu'il prit de flanc et mit en fuite.

41 La Fiancée du danger

Portrait de Marie Marvingt

Il s'en est fallu de peu pour que cette héroïne entre au Panthéon aux côtés des « grands hommes », car elle « incarnait cette force d'âme et de courage de tout un peuple, indissociable de son amour pour la liberté ». Née à Aurillac en 1875 et morte en 1963, à 88 ans, à Laxou, à quelques rues de Nancy, Marie Marvingt était une femme libre au destin incroyable, pionnière dans bien des domaines sportifs, aéronautiques et militaires, ce qui lui valut le surnom de « la Fiancée du danger ». Intrépide, elle s'est déguisée en homme pour rejoindre les combats pendant la Première Guerre mondiale, avant d'être démasquée par ses camarades de tranchée. Femme engagée, elle a été l'une des plus décorées de l'histoire de France, comptabilisant 34 médailles, dont la Légion d'honneur et la croix de guerre. Aventurière, Marie Marvingt est l'une des premières femmes à obtenir le permis de conduire. Elle fut détentrice de pas moins de 17 records sportifs – entre autres en ski, en alpinisme et en voyage en ballon – et de quatre brevets de pilote – d'avion, de ballon sphérique, d'hydravion et d'hélicoptère – et ambassadrice de l'aviation sanitaire. En 1906, elle a été la première Française à traverser Paris à la nage, suivant la Seine sur 12 kilomètres. Pour ajouter encore à son palmarès, elle a étudié cinq langues, dont l'espéranto, a été la première femme à relier Nancy à Bordeaux à vélo – inventant dans un même temps la jupe-culotte pour plus de confort – et a couru le Tour de France en 1908 – officieusement, car les femmes n'étaient pas acceptées. On a pu la voir chevaucher sa bicyclette, « Zéphirine », pour traverser les rues de Nancy.

Si sa mémoire est préservée par une association, Marie Marvingt est morte seule, place de la Carrière à Nancy. Celle qui considérait que tous les enfants étaient un peu les siens a fini ses jours dans l'indigence. Subsiste chez certains collectionneurs un timbre à son effigie, dessiné par Christophe Drochon, ainsi que sa tombe au cimetière de Préville, dans sa ville de cœur.

Adresse Cimetière de Préville, 88 rue Raymond-Poincaré, 54000 Nancy | Transports en commun Bus T4, arrêt Préville | Horaires d'ouverture Tous les jours de 8 h à 18 h | À savoir En hommage à cette femme remarquable, il existe une plaque commémorative au 8 place de la Carrière et une rue à son nom dans un quartier du nord de la ville, emblématique du programme d'urbanisme des années 50, le Haut-du-Lièvre.

42 Flânerie Littéraire

S'évader avec Dominique Schweitzer

C'est le lieu par excellence pour se laisser enchanter par les livres. Il n'est pas nécessaire d'être bibliophile pour venir à la rencontre de Dominique Schweitzer. Chaque visiteur peut franchir la porte de cette bouquinerie, quelles que soient son histoire et ses passions. D'ailleurs, on y croise des étudiants de différents pays du monde, des enfants de tous âges, des professeurs… autant de clients hétéroclites. Les échanges, qu'ils soient verbaux ou matériels, sont au cœur de cette enseigne. En février 1983, la mère de Dominique Schweitzer succéda aux propriétaires qui tenaient la boutique depuis 40 ans, d'abord sur la place Charles-III, puis dans le marché même. Un lieu battu par les vents en hiver, où il fallait être tenace pour échanger et vendre des livres. La mère de Dominique Schweitzer en a fait fi. En janvier 2001, Dominique reprit l'activité.

Les livres ? Son univers depuis toujours. Sans eux, elle n'est rien : « Avant d'avoir l'opportunité de cette reprise, j'étais salariée. Je prenais une partie de mes vacances pour remplacer ma mère. Elle pouvait alors partir en toute sérénité. » En 1983, les clients faisaient beaucoup plus d'échanges qu'aujourd'hui, venant parfois avec des valises entières ! Pain bénit pour la bouquiniste, qui proposait déjà une belle sélection : des romans policiers ou d'espionnage, des histoires d'amour ou encore des albums comme *Blek, Zembla, Yuma* ou *Akim*. Au fil du temps, des ouvrages de littérature, de philosophie, de sciences sociales, d'histoire, de poésie ou destinés aux enfants sont venus étoffer les étagères de la bouquiniste – le public s'est élargi et les échanges se sont développés, car tel est l'esprit des lieux.

Les livres peuvent être troqués contre d'autres, moyennant une modique somme, et déclenchent des conversations enrichissantes, souvent passionnantes. Cette incroyable adresse, pleine de vie, Dominique Schweitzer « espère la garder encore de nombreuses années ». Faisons donc ce vœu digne de cet endroit.

Adresse Marché central de Nancy, place Henri-Mengin, 54000 Nancy, tél. 06 68 85 83 02 | Transports en commun Tram 1, arrêt Point-Central | Horaires d'ouverture Tous les jours du mardi au samedi de 10 h à 18 h | À savoir Dominique Schweitzer accepte le florain, la monnaie locale, et fait même bureau de change.

43 La fontaine de Cyfflé

Le signe de l'alliance entre la France et la Lorraine

La place d'Alliance aurait dû porter le nom de place Saint-Stanislas, mais sa réalisation, en 1756, d'après les plans de l'architecte Emmanuel Héré, coïncida avec une alliance conclue entre le roi de France Louis XV et l'empereur François Ier d'Autriche, ancien duc de Lorraine. La nouvelle réjouit le cœur des Lorrains, fidèles au souvenir de l'ancienne dynastie ducale.

À cet emplacement, qui accueillait auparavant l'ancien potager du duc Léopold, aurait donc dû se dresser une statue de Stanislas. À défaut, une fontaine, œuvre de Paul-Louis Cyfflé, l'un des sculpteurs favoris du roi, y fut installée. Monument à caractère commémoratif, cette construction illustre aussi un audacieux mélange entre les styles réaliste et rococo. Inspirée d'une planche du *Recueil de Héré* et de l'une des fontaines de la place Navone à Rome, elle est l'un des rares monuments de style baroque à Nancy. Cyfflé a repris le modèle de Héré, mais en a modifié l'iconographie en bannissant toutes les lignes droites.

Il y sculpta, entre autres attributs, deux mains unies symbolisant la concorde entre les deux pays. Du fond du bassin de pierre s'élève encore aujourd'hui un majestueux rocher sur lequel s'appuient trois vieillards musclés à longue barbe. Représentant trois fleuves, l'Escaut, la Meuse et le Rhin, ils soutiennent une vasque basque, base d'un obélisque en marbre dont les faces sont décorées de phylactères et de citations en mémoire des événements politiques qui amenèrent à l'édification de cette fontaine. En son sommet, le génie de la Renommée souffle dans une trompette et tient de la main gauche une couronne de laurier. Les médaillons laissent apparaître deux mains brandissant un faisceau de flèches et un écu rassemblant fleurs de lys et croix de Lorraine. Le dessein politique ayant conduit à son édification fut rapidement oublié, mais il faut bien l'avouer, cette fontaine rococo est de toute beauté.

Adresse Place d'Alliance, 54000 Nancy | Transports en commun Tram 1, arrêt Division-de-Fer | À savoir Contemporain de Cyfflé, Barthélémy Guibal fut l'autre sculpteur de talent de ce XVIIIe siècle prospère.

44 La fontaine Wallace

Inattendue à Nancy

À Nancy, les fontaines les plus connues sont celles de la place Stanislas, représentant Neptune et Amphitrite dans un style rocaille. Mais une autre mérite notre attention : cette fontaine Wallace place du Colonel-Fabien. En 1871, en plein tourment de la Commune de Paris, Sir Richard Wallace, un riche anglais philanthrope, entreprit d'aider les Parisiens les plus pauvres. Il fit installer l'une des premières fontaines sur le boulevard de la Villette en 1872. Cinquante autres sources d'eau de ce type furent ensuite disséminées dans la capitale. Distribuée en un mince filet, l'eau tombe dans une vasque protégée par une grille. Deux gobelets en fer étamé, retenus par des chaînettes fixées sous le socle des cariatides, en facilitent la distribution.

Habitués aux fontaines d'agrément, nous oublions souvent qu'autrefois, les fontaines étaient indispensables à la vie quotidienne. Dans les années 1880, l'urbanisation à Nancy était galopante ; de nouvelles industries s'installèrent sous l'influence des optants (voir chap. 1) et de nouveaux quartiers se créèrent, comme celui de Saint-Georges ou celui du Sacré-Cœur. Leurs habitants souhaitaient une fontaine à proximité de chez eux. C'est en mai 1887 qu'un dénommé Georges Gugenheim, rédacteur, publiciste, commerçant et fondateur de l'imprimerie où s'imprimait le journal *La Dépêche* demanda à la municipalité l'autorisation d'établir une fontaine de type Wallace à Nancy, devant la rédaction du journal, rue Saint-Jean. Elle fut achevée en 1887.

Érigée au chevet de l'église Saint-Epvre à partir de croquis précis de Richard Wallace, la fontaine a été sculptée par Charles-Auguste Lebourg – ces cariatides-ci sont d'ailleurs son œuvre la plus connue et l'homme est hélas mort peu après dans la plus grande misère. Les quatre statuettes, dos à dos, diffèrent tant par leur position que par leur tunique et représentent chacune une vertu – la bonté, la charité, la sobriété, la simplicité – et une saison.

Adresse Place du Colonel-Fabien, 54000 Nancy | **Transports en commun** Bus Citadine 1, arrêt Saint-Epvre | **À savoir** En 2020, après une campagne de restauration, la fontaine Wallace a retrouvé son emplacement sur la place du Colonel-Fabien.

45 Les frères Marchand

Une fratrie d'affineurs

Depuis six générations, la famille Marchand se transmet son secret d'affinage des fromages. Si le métier a bien changé depuis l'époque des aïeux – le fromage industriel n'existait pas encore –, les Marchands cherchent à faire redécouvrir des saveurs et des arômes oubliés à travers un plateau de fromages aussi variés que possible. Philippe Marchand, l'un des trois frères, qui s'occupe de la partie fromagerie de l'entreprise familiale, a d'ailleurs relevé un défi de taille en supplantant le record du plus grand plateau de fromages du *Guinness Book,* alors détenu par un fromager chinois avec 489 fromages différents. En 2016, l'affineur, avec l'aide de petits producteurs, a aligné 730 sortes de fromages au lait cru de 20 pays différents, soit plus de 3 tonnes, permettant ainsi de rendre à la France son titre de pays du fromage.

Le travail de l'affineur consiste à sublimer le produit que le producteur va lui apporter. Ce travail se fait dans les caves et varie selon chaque fromage : de l'affinage par retournement à celui par séchage, par ventilation ou par lavage, le tout à chaque fois avec des conditions d'hygrométrie différentes et avec une durée propre à chaque produit. Passionné par les fromages oubliés, Philippe Marchand est connu pour l'une de ses créations, le Gros Lorrain, issu des crayeux fondants, qui était fabriqué autrefois dans la vallée de Gérardmer. Sa texture est fondante et il est plus fruité que le munster. Sa disparition est sans doute due, selon Philippe Marchand, à son format atypique et à son affinage délicat.

De la même manière, il a remis en selle le Carré de l'Est au lait cru. Sous sa croûte blanche et duveteuse, une pâte souple et jaune, parsemée de petits trous. On l'apprécie pour sa texture onctueuse, son odeur et son goût neutre. Philippe Marchand n'a qu'un souhait, partagé par sa fratrie : transmettre le terroir français grâce à des fromages empreints d'histoire, de typicité et de tradition.

Adresse 99 Grande Rue, 54000 Nancy, tél. 03 83 26 72 98, fromages-freres-marchand.fr | Transports en commun Bus Citadine 1, arrêt Musée-Lorrain | Horaires d'ouverture Du lundi au samedi de 9 h à 19 h et le dimanche jusque 14 h | À savoir La boutique des frères Marchand fait aussi restaurant et propose des spécialités fromagères, mais pas uniquement.

46 Gaufres Glaces Lorraines

Le goût des oublies

Maître oubloyeur de France, Bruno Logeard-Freyburger porte avec fierté les couleurs de son institution, fondée en 1954 par son père Jean-Claude. Quatre générations plus tard, la boutique Gaufres Glaces Lorraines vend des gaufres, des glaces et des sorbets dans son magasin emblématique de la place Stanislas. On y fabrique également les fameuses oublies.

Mais qu'est-ce donc qu'une oublie ? Ce mets sucré, né au Moyen Âge, était consommé les jours de jeûne. Son nom vient d'ailleurs du latin *oblitus* qui signifie « offrande », désignant le pain offert pour l'eucharistie, comme l'hostie, dans le rite chrétien. Légère à transporter, cette pâtisserie à pâte fine se logeait facilement dans le baluchon des pèlerins sur le chemin de Compostelle. Certains faisaient une halte à Nancy puis marchaient vers le but ultime : le tombeau de l'apôtre saint Jacques, évangélisateur de l'Espagne. Une route passant de Toul à Commercy puis à Vézelay était empruntée pour arriver à Santiago.

Les Freyburger sont les défenseurs de ce patrimoine culinaire aux ingrédients simples : sucre, farine et beurre. « Toujours la même recette. Depuis 57 ans ! », s'exclame-t-on. C'est léger et craquant, et le geste pour la fabriquer est répété à l'envi. D'un coup sec et maîtrisé, la galette est retirée de ses plaques de fer, avant d'être aisément roulée en un cylindre creux, qui lui donne la forme d'un cigare. Une technique artisanale et unique. Cette tradition culinaire, fruit d'un savoir-faire ancestral, Bruno Logeard-Freyburger l'a perpétuée. On trouve même, toute l'année, des oublies au parc de la Pépinière, fabriquées sur une machine rachetée en 1955 à la biscuiterie Panier de Laxou et qui, restaurée, fait des merveilles. En 2015, la marque Les Oublies de France a été déposée pour faire perdurer cette mémoire gustative dans l'hexagone et au-delà des frontières. Vendues en sachets, elles pourraient être fabriquées en plus grande quantité, mais, fabrication artisanale oblige, les oublies resteront façonnées comme autrefois, foi de Freyburger.

Adresse 12 place Stanislas, 54000 Nancy, tél. 09 81 25 23 45 | Transports en commun Tram 1, arrêt Point-Central ; Bus Citadine 1, arrêt Place-Stanislas | Horaires d'ouverture Tous les jours de 12 h à minuit. En période hivernale de 14 h à 19 h | À savoir L'oublie était vendue autrefois par les vendeurs ambulants de la corporation des oublieurs.

47 La graineterie Génin-Louis

Un chef-d'œuvre architectural

Avec sa structure métallique apparente tout en angles, le bâtiment du 2 rue Bénit, construit en 1900, est unique en France. Il est représentatif du courant rationaliste inspiré par Viollet-le-Duc : sa structure d'acier riveté supporte une charpente en bois, un choix qui s'explique par l'exiguïté de la parcelle et par la présence d'une graineterie dans les deux niveaux inférieurs. Ce petit immeuble fut en effet la propriété de Jules Génin, un marchand de grains, qui y installa son magasin au rez-de-chaussée et sa demeure à l'étage. Il est le fruit d'une étroite collaboration entre Henri Gutton, architecte ingénieur polytechnicien, et Frédéric Schertzer, qui réalisa le gros œuvre ferronnier. Alexandre Bigot en exécuta la céramique, et les verrières décoratives, appelées « Les Glycines », furent signées par Jacques Gruber.

La graineterie Génin-Louis illustre en réalité un conflit architectural entre architectes et ingénieurs. Son procédé de construction suscita de nombreuses critiques et fut qualifié des plus hardis à cause de l'oriel qui rappelle certaines constructions du Moyen Âge. Héritier lointain des anciennes échauguettes, l'oriel est une avancée en encorbellement aménagée sur un ou plusieurs niveaux d'une façade. Une originalité artistique qui permet de laisser pénétrer la lumière dans la maison et de bénéficier d'une meilleure vue sur la rue.

À sa base, la console en tôle de fer qui soutient le balcon laisse apparaître des fleurs et des capsules de pavots en fer forgé faisant écho au commerce de graineterie. Ce motif de pavot se retrouve sur la frise en céramique qui sépare le premier et le deuxième étage ainsi que sur les vitraux de la porte d'entrée. La structure et le décor de la graineterie Génin-Louis sont donc intimement liés. Menacé de destruction en 1976, l'immeuble fut restauré en 1979 avant d'être protégé au titre des monuments historiques.

Adresse 2 rue Bénit, 54000 Nancy | Transports en commun Tram 1, arrêt Maginot | À savoir On retrouve le pavot somnifère sur l'ensemble des quatre verrières, commandées à Jacques Gruber qui en fit le dessin. Elles furent finalement réalisées par Charles Gauvillé, un autre peintre verrier.

48 La grotte de Lourdes

Une copie conforme

Massabielle. Ce nom seul évoque Lourdes et la révélation de Bernadette Soubirous qui, en 1858, a déclaré avoir aperçu 18 fois la Vierge Marie et avoir découvert, sur ses indications, une source dont l'eau est, depuis, considérée comme miraculeuse par les croyants. Une réplique de cette grotte mythique a attiré, pendant des années, de nombreux pèlerins au cœur du parc Saint-Mansuy.

Édifiée sous l'impulsion de l'abbé Collot pour permettre aux habitants de Nancy et de la région d'effectuer un pèlerinage au début du XXe siècle, cette réplique de la grotte de Notre-Dame de Lourdes rend la découverte du parc Saint-Mansuy singulière par son aspect symbolique. C'est à l'artiste Hippolyte Ratinet que l'on doit cette copie de la grotte mariale, réalisée en 1883. La grille, fabriquée par un serrurier de Baccarat d'après une photographie de celle de Massabielle, n'a été posée que dans les derniers jours avant l'inauguration. Cette dernière fut l'occasion d'une fête magnifique : 4 000 personnes étaient présentes et 50 oriflammes flottaient au vent sur des mâts de plus de 10 mètres de haut. Cachée par les bosquets du collège de la Malgrange, la grotte a encore ses fidèles. Mais malgré sa splendeur inspirante, elle semble avoir été abandonnée à sa gloire passée. Pour mieux appréhender sa portée spirituelle, il faut se laisser gagner par ce lieu qui distille les charmes anciens du dernier des grands pèlerinages, en 1984.

Tout près, l'église Saint-Mansuy a été construite en 1881 avec des pierres issues des carrières environnantes. Le saint à laquelle elle est dédiée, saint Mansuy, sans doute originaire d'Écosse, fut envoyé par le pape Damase Ier dans l'est de la France, au pays des Leuques. Il devint, au IVe siècle, le premier évêque de Toul. Dans le cadre verdoyant du parc Saint-Mansuy, un chemin de croix en pierre avec 15 monolithes, réalisé par le sculpteur Duilio Donzelli en 1934, invite au recueillement.

Adresse 243 avenue de la Libération, 54000 Nancy | Transports en commun Corol, arrêt Saint-Mansuy | Horaires d'ouverture Du 15 mars au 31 octobre : le mercredi et le samedi de 14 h à 18 h, le dimanche de 12 h à 18 h. Du 1er novembre au 14 mars : le mercredi et le samedi de 14 h à 16 h 30, le dimanche de 12 h à 16 h 30 | À savoir Un charmant passage relie par un escalier l'avenue de la Libération et la rue de la Colline. Il permet d'accéder à l'église Saint-Mansuy ainsi qu'au parc attenant.

49 Guilia

L'art de la mélancolie

Il est l'un des portraitistes les plus en vue de notre époque, habitué à peindre de grands portraits en extérieur aux quatre coins du monde. Il faut pourtant chercher la *Guilia* de David Walker. Elle nous surprend à l'angle des rues Léopold-Lallement et Saint-Thiébaut, au fronton du Centre communal d'action sociale. D'une douzaine de mètres de haut sur 6 de large, le visage de Guilia, peint à la bombe aérosol et à main levée, fascine par ses traits doux et son regard mélancolique.

Venu du monde du graffiti, David Walker, artiste londonien résidant à Berlin, donne vie à des portraits aux couleurs explosives sans artifices, ni pochoirs, ni brosses. La puissance surréaliste de ses traits et la force de ses visages peints sont sa marque de fabrique : un style singulier fait de lignes brisées et de zones de couleurs démesurées qu'il a développé au fil des années, couche après couche.

Les femmes qu'il peint viennent de vieux magazines, de vieux clichés ou de photographies prises sur le vif : « Je ne les connais pas et elles ne savent même pas que je les peins. Si je peins des visages anonymes, c'est pour laisser le spectateur s'inventer sa propre histoire. » Une autre de ses inspirations est la musique : à l'origine, David créait d'ailleurs des tee-shirts pour un groupe anglais de musique électronique, The Prodigy, ainsi que des pochettes de disques pour différents artistes internationaux.

Outre ses portraits éphémères peints dans les rues, ses œuvres sur toiles s'exposent désormais dans des galeries de toutes les capitales. L'artiste oscille entre art de rue et art conventionnel. « Dans le premier, je me sens plus libre de m'exprimer », estime-t-il. « J'ai le regard des passants sur mon travail. Pour exposer en galerie, c'est totalement différent. Là, personne ne me regarde pendant que je crée… Les deux ont les côtés positifs et négatifs. » En attendant, quel bonheur de découvrir le travail de cet artiste chez nous !

Adresse 5 rue Léopold-Lallement, 54000 Nancy | Transports en commun Tram 1, arrêt Nancy-Gare | À savoir Il y a maintenant 5 ans, David Walker a aussi lancé sa propre marque de vêtements de rue appelée Subsurface.

50 L'héritage des Goncourt

Une plaque, une académie, mais surtout un prix

En leur temps, Edmond et Jules Huot de Goncourt furent vivement moqués. L'un des deux frères, Edmond, avait légué ses biens à une « académie » de dix romanciers, fondée par lui et qui, à partir de 1903, commença à décerner un prix. Le prix Goncourt est depuis devenu l'un des plus prestigieux prix littéraires décernés à des écrivains en France. Comment expliquer un tel paradoxe ?

Les frères Goncourt étaient deux modestes rentiers, orphelins et amateurs d'art et de lettres. D'ascendance lorraine, ces deux auteurs entrèrent en littérature le jour du coup d'État de Louis-Napoléon Bonaparte en 1851 avec un roman passé inaperçu. Par la suite, ils devinrent journalistes littéraires à *L'Éclair* et au *Paris,* mais furent accusés d'outrage à la morale publique et religieuse à cause d'un article et traduits en justice en 1853. Ils délaissèrent alors cette activité pour se consacrer à la littérature. Durant presque 20 ans, ils produisirent des romans et se lancèrent dans l'écriture d'une fresque historique sur le XVIIIe siècle s'appuyant sur toute une collection de brochures et de petits journaux, ressuscitant cette époque sensuelle et spirituelle.

Chez les Goncourt primait le souci de l'exactitude historique, fondé sur une érudition minutieuse et une forme de fétichisme documentaire. Leur approche tranchait avec celle qui avait cours dans la première partie du XIXe siècle. Ils figurent aussi parmi les précurseurs d'une nouvelle histoire incluant les femmes. Des novateurs, en quelque sorte. En témoignent ces quelques lignes tirées de *La Femme du XVIIIe siècle* : « À la différence de l'histoire politique traditionnelle qui a toujours ignoré la femme, l'histoire des mœurs et des mentalités peut seule la faire apparaître comme sujet de l'histoire. » Malheureusement, leur lien fraternel fut brisé par la folie de Jules et sa mort en 1870. Désormais seul, Edmond mena par la suite des études japonisantes sur Kitagawa Utamaro et Katsushika Hokusai.

Adresse 33 rue des Carmes, 54000 Nancy | Transports en commun Tram 1, arrêt Point-Central | À savoir Jules Huot de Goncourt est né à Paris en 1830, mais son frère Edmond est né, lui, à Nancy, en 1822. Une plaque est apposée au-dessus de la porte d'entrée de l'immeuble qui l'a vu naître.

51 L'hôtel de Mahuet

Ancien haut lieu intellectuel

Bâti par l'architecte Germain Boffrand, l'hôtel particulier de Mahuet est l'un des bâtiments importants du patrimoine architectural du XVIIIe siècle à Nancy. Il a pourtant été balayé des mémoires contemporaines. On en a même oublié son créateur, qui fut un véritable génie touche-à-tout. Décorateur, urbaniste, ingénieur civil et industriel, Germain Boffrand a contribué à créer le style Régence et a introduit le style rocaille en France en l'intégrant à l'architecture classique de la fin du règne de Louis XIV. Le *Livre d'Architecture* (1745) est un traité dans lequel il aborde en détail ses principales constructions.

L'homme a popularisé le goût français en Europe, tout particulièrement grâce à la construction des châteaux de Lunéville et d'Haroué, ou encore de l'église primatiale à Nancy. L'hôtel de Mahuet porte le nom de Jean-Baptiste de Mahuet, conseiller d'État et président de la Cour souveraine de Lorraine et Barrois, baron de Mahuet et de Drouville. Cette demeure fut transmise à Jacques-Marc-Antoine de Mahuet, grand doyen de la primatiale de Nancy, abbé et comte de Lupcourt, qui y tint le salon littéraire le plus couru de la région. De ce haut lieu intellectuel, il reste le très beau porche, qui a été déplacé à l'entrée du parc Olry en 1929 (voir chap. 83)

Le bâtiment comporte une cour sur rue, un jardin et son toit brisé ainsi que des peintures intérieures de Giacomo Barilli et Claude Charles. Il a été modifié à de nombreuses reprises. Ce fut par exemple le cas en 1923 : la société La Grande Taverne ouvrit les façades du rez-de-chaussée pour créer des vitrines pour le magasin de mode Suzanne et créa une grande salle de spectacle de style Art déco baptisée Le Palais des Fêtes. Par la suite, l'endroit hébergea deux cinémas, le Rex et le Rio. En 1988, un gigantesque incendie a partiellement détruit l'hôtel de Mahuet, mais on peut toujours apercevoir son immense façade arrière et ses multiples fenêtres qui témoignent encore de l'œuvre de Boffrand.

Adresse 17-19 rue Saint-Dizier, 54000 Nancy | **Transports en commun** Tram 1, arrêt Point-Central | **À savoir** L'hôtel de Fontenoy, rue du Haut-Bourgeois, bâti d'après des dessins de Germain Boffrand, est à découvrir. Depuis 1989, il abrite la Cour administrative d'appel.

52 L'Huillier

Et son fier canasson

Il est un repère dans la rue d'Amerval : le cheval en surplomb du magasin de décoration L'Huillier, acquis autrefois par la mère d'Isabelle L'Huillier, propriétaire des lieux. Cette enseigne, qui existe depuis plus de 30 ans, regorge d'objets insolites venus de tous horizons. Des meubles indiens et chinois, des objets d'art et des sculptures de déesses côtoient des objets design de chez Alessi ou des bijoux de la marque Nomination – qui propose des bracelets personnalisables à l'infini, en utilisant des matières nobles comme l'or, l'argent et des pierres semi-précieuses.

Il semble s'installer un dialogue entre la bête altière de L'Huillier et le cheval caparaçonné de la statue de Jeanne d'Arc en contrebas, place Lafayette. L'étalon de Jeanne d'Arc porte la fière et courageuse bergère de Domrémy, qui quitta sa famille et prit les armes pour mettre fin à la tyrannie anglaise. On connaît la suite : capturée par les Bourguignons alliés des Anglais, Jeanne fut conduite au bûcher après un procès instruit par le célèbre évêque Cauchon. On la brûla vive sur la place du marché à Rouen le 30 mai 1431. Cette statue qui la représente tête nue, portant une armure et brandissant son étendard de la main droite, est le résultat d'un projet du philanthrope et mécène Daniel Iffla. C'est grâce à la prodigalité de ce donateur que l'éclatante statue de bronze, œuvre du sculpteur Emmanuel Frémiet, fut érigée au milieu de la place Lafayette. Une copie en est visible place des Pyramides à Paris. Grand admirateur de Frémiet, Daniel Iffla a expliqué les raisons de son geste en 1889 : « Moi Français, je suis encore débiteur de la ville de Nancy qui me permet de dresser sur une des places publiques l'image de La Patrie, debout, sur la frontière mutilée. »

La Jeanne d'Arc équestre célèbre les exploits de cette héroïne du XVe siècle et son image continue à porter les espérances des peuples opprimés. Dans le vent qui souffle rue d'Amerval, c'est ce que doivent sans doute évoquer en silence ces deux chevaux.

Adresse 15bis rue d'Amerval, 54000 Nancy, tél. 03 83 32 87 64, www.boutiquelhuillier.com | **Transports en commun** Bus 12/13, arrêt Amerval | **Horaires d'ouverture** Du mardi au samedi de 10 h à 12 h et de 14 h à 19 h | **À savoir** À la boutique L'Huillier, vous découvrirez des statues en bronze venues du Burkina Faso, fabriquées selon la technique de la cire perdue et qui ont un succès fou.

53 L'immeuble Margo

L'œuvre d'Eugène Vallin

Charles Margo était un jeune rentier. Pour édifier un immeuble de rapport, il fit appel au célèbre menuisier d'art et artiste industriel Eugène Vallin, qui avait déjà collaboré avec des architectes comme Charles André ou Georges Biet – l'immeuble Georges Biet au 22 rue de la Commanderie à Nancy en est le fruit. C'est avec Paul Charbonnier qu'il réalisa l'immeuble Margo.

Construite entre 1905 et 1906, cette bâtisse est à la confluence des volontés d'un commanditaire, d'un architecte et d'un décorateur. Les réalisations de Paul Charbonnier sont ancrées dans un style néogothique, tout en s'accordant magnifiquement avec le style d'Eugène Vallin. Chacune des pierres de l'immeuble Margo, tout en formes rondes, arbore un travail d'orfèvre de toute beauté. Le savoir-faire de Vallin, son ingéniosité technique et son imagination créatrice y sont reflétés. Nettement plus haut que les bâtiments voisins, l'immeuble comporte cinq niveaux abritant un appartement et deux travées. La façade procure une impression de régularité, mais de nombreux détails démentent ce sentiment : chaque baie est en effet différente dans ses allèges et ses balcons, ce qui anime l'architecture de l'ensemble, et un garde-corps en pierre à balustre souligne le dernier niveau, légèrement en retrait.

Sous l'influence du credo naturaliste et de l'esthétique d'Émile Gallé, Eugène Vallin utilisa des éléments d'un décor végétal stylisé également présent sur le mobilier de la demeure, qui mêlent forme et structure. Ces motifs décoratifs peuvent être abstraits à tendance linéaire et « géométrisants ». Ce n'est pas le cas de ce bouquet de volubilis – ou groupe de plantes à fleurs – sculpté entre les deux travées au niveau du troisième étage, sous l'avancée de la toiture, que l'on retrouve aussi dans les ferronneries des garde-corps. Ils expriment la présence de la nature et sont chargés de la symbolique d'une amitié dévouée.

Adresse 86 rue Stanislas, 54000 Nancy | Transports en commun Bus 11/15, arrêt Bibliothèque | À savoir L'immeuble Margo peut être considéré comme une synthèse des arts majeurs et mineurs du mouvement de l'École de Nancy.

54 Le jardin de la Citadelle

Il faut bien chercher pour le trouver

Voilà 1 270 mètres carrés de pur bonheur pour qui aime à profiter du paysage. Discrètement niché entre les rues Sellier et Henri-Deglin, à deux pas de la Ville Vieille, le jardin de la Citadelle invite à s'octroyer une pause à l'abri de ses grands arbres, qui offrent de merveilleux jeux d'ombre et de lumière. Havre de paix, ce jardin est perché sur les hauteurs de la fortification et son assise ostentatoire est protégée des regards par le mur d'enceinte qui encadre la porte de la Citadelle, construite en 1598 par Charles III.

Propriété du rectorat de l'académie de Nancy-Metz, le site est longtemps resté un terrain en friche jusqu'à ce que la mairie, via une convention établie en 1990, ne le transforme en jardin typique de la fin du XVe siècle. Il est aménagé comme un jardin des simples, avec plus de 1 000 mètres carrés de plantes aromatiques et médicinales réparties dans de petites parcelles cernées de buis. Au Moyen Âge, le jardin des simples était le lieu de la pharmacopée, servant à réaliser remèdes et recettes de santé. Le jardin de la Citadelle s'inspire du *Capitulare de Villis vel curtis imperii,* dit le capitulaire De Villis, promulgué par Charlemagne en l'an 812, qui liste près d'une centaine d'espèces dont la culture était rendue obligatoire à des fins médicinales, textiles et tinctoriales dans les jardins du royaume. Cette obligation était une invitation à une véritable odyssée sensorielle.

On oscille, en déambulant entre les allées, entre le parfum de la menthe poivrée, plante vivace dont la floraison s'étend généralement de juin à septembre, et celui de la violette odorante, autrefois utilisée pour soigner inflammations, maux de tête, voire les crises d'épilepsie. La pivoine de Chine – connue pour ses vertus antispasmodiques et sédatives – fait admirer et sentir ses larges fleurs roses entre mai et juin, tandis que le parfum des roses anciennes ou du chèvrefeuille embaume l'air, quand l'anémone du Japon, le rosier châtaigne ou la plante de Raifort peuvent également mettre du baume au cœur des promeneurs.

Adresse 47 rue Henri-Deglin, 54000 Nancy | **Transports en commun** Bus 16, arrêt Citadelle | **Horaires d'ouverture** Du 1er octobre au 15 octobre et du 1er au 31 mars, de 8 h à 18 h ; du 16 octobre à fin février, de 8 h à 17 h ; du 1er avril au 31 mai et du 1er septembre au 30 septembre, de 8 h à 19 h ; du 1er juin au 31 août, de 8 h à 21 h | **À savoir** La porte de la Citadelle s'appelait autrefois « porte Notre-Dame-des-Champs », car, jusqu'en 1972, elle était ornée d'une Vierge à l'Enfant.

55 Le kiosque

Le trésor d'un lieu paisible

Véritable havre de paix, le parc Sainte-Marie est un jardin public apprécié par les riverains ; c'est d'ailleurs le second parc de la ville en termes de superficie. Dès les beaux jours, on y croise des joueurs de pétanque en pleine compétition au milieu des enfants qui courent dans les allées de cet espace vert très prisé.

Le parc Sainte-Marie tire son nom des ermitages consacrés à la Vierge au XVIIe siècle, installés loin des murs de la ville dans un quartier alors nouvellement urbanisé. Les Jésuites s'y établirent en 1620 et créèrent un potager destiné à produire des légumes pour alimenter la communauté religieuse et le domaine, resté leur propriété jusqu'en 1770, date à laquelle il prit son nom actuel. Par la suite, un particulier en fit l'acquisition : les allées rectilignes furent remplacées par d'autres, plus sinueuses, et le jardin se transforma en aire d'agrément privée.

Chênes, tulipiers, cèdres et séquoias pleureurs, toute une collection d'arbres remarquables fut plantée et fait aujourd'hui la fierté du parc. Il faut tout particulièrement rendre visite au chêne pédonculé vieux de plus de 200 ans, rescapé des forêts des alentours. En 1904, la ville fit l'acquisition du parc et on y planta un magnolia de Soulanges qui atteint aujourd'hui les 9 mètres. Au printemps, sa floraison est teintée de blanc et de pourpre.

En 1909, le parc accueillit l'Exposition internationale de l'est de la France. De cet événement subsistent la maison alsacienne, la butte avec rocaille, le bassin et le kiosque Capitaine-Louis-Taelman, chef de musique du 26e régiment d'infanterie. Cet élément d'architecture légère, petit pavillon de jardin ouvert de tous côtés, est surplombé d'un toit. Le kiosque du parc Sainte-Marie est aussi bien un lieu de contemplation que de divertissement : il accueille régulièrement des musiciens pour des concerts en plein air, dans la journée ou pour des nocturnes.

Adresse Parc Sainte-Marie, 1 avenue Boffrand, 54000 Nancy, tél. 03 83 36 59 04, www.jardins-grand-est.com | Transports en commun Bus 11, arrêt Nancy-Thermal | Horaires d'ouverture Tous les jours de 6 h 30 à 20 h (horaires susceptibles de changer en hiver) | À savoir Ce parc a obtenu les labels Tourisme et Handicap en 2007 et Jardin remarquable en 2010.

56 La légende de saint Nicolas

Prenez garde au saint patron

À Nancy, saint Nicolas a une rue à son nom, ainsi qu'une porte – et c'est bien naturel pour le saint patron des Lorrains ! Désigné comme tel par le duc René II pour le remercier de sa victoire à Nancy sur les Bourguignons en 1477, le saint a donné son nom à de nombreux édifices, notamment la basilique Saint-Nicolas-de-Port. Dès le XIe siècle, le culte du saint patron s'est développé dans toute la région.

Pourtant, Nicolas n'est pas originaire de Lorraine, mais de Turquie, et était évêque de la cité de Myre. C'est Albert de Varangéville, un chevalier lorrain, qui a rapporté l'un des doigts du saint pour l'entreposer dans une chapelle du hameau de Port, près de Nancy. Toujours selon la légende, Cunon de Linange, comte de Réchicourt, emprisonné vers 1240 lors de la sixième croisade, aurait été miraculeusement libéré de sa geôle alors qu'il allait être exécuté après une prière d'intercession à saint Nicolas. Le pèlerinage qui a lieu chaque année le samedi le plus proche du 6 décembre se fait en mémoire de ce sauvetage miraculeux. Saint Nicolas est aussi celui que les enfants sages attendent avec impatience. Souvent accompagné de son âne, il les gratifie de friandises et de cadeaux. Quant à ceux qui n'ont pas été sages, ils ont affaire au redoutable père Fouettard.

C'est au moment de la construction de la Ville Neuve, au début du XVIIe siècle, que fut érigée la porte Saint-Nicolas, point de passage au sud de la ville vers Saint-Nicolas-de-Port. Initialement, l'accès s'arrêtait aux remparts. Ce n'est qu'en 1871 que la rue Saint-Nicolas fut de nouveau ouverte, hors les murs, par le percement de la rue de la Salle à travers les anciennes fortifications. De style Renaissance, la porte Saint-Nicolas, comme les autres portes de la ville construites à cette époque, était percée, en son centre, d'une large ouverture et de chaque côté par deux ouvertures réduites destinées au passage des piétons. Aujourd'hui, il ne reste que deux arches.

Adresse Place des Vosges, 54000 Nancy | Transports en commun Bus 11/13/15/20/21/33/61, arrêt Place-des-Vosges | À savoir À la porte Saint-Nicolas, on prélevait l'octroi, un impôt de la municipalité sur les marchandises qui entraient dans la ville.

57 La librairie Remy

La passion du livre de père en fille

Impossible de rater l'enseigne verte de cet antiquaire du livre : sa vitrine derrière laquelle transparaissent de magnifiques reliures de maroquin, cette peau de chèvre importée du Maroc que l'on utilise depuis le XVIe siècle pour habiller les livres précieux, attire immédiatement l'œil. Installée derrière son bureau et ses empilements de livres, Noëlle Remy est la maîtresse de cette librairie ouverte en 1911 et qui a vu passer trois propriétaires : « Mon père l'a rachetée en 1938 après y avoir travaillé durant des années… Le précédent propriétaire avait les mêmes initiales et le même patronyme que mon père. Le premier s'appelait Adrien Remy et le second, Albert Remy ! », précise-t-elle. En 1975, elle reprend l'affaire familiale : la passion pour les livres s'est transmise de père en fille.

Une fois franchies les portes de cet antre livresque magique, le temps est comme figé. Noëlle a le talent de mettre en valeur les ouvrages qui sauront séduire le client à l'affût de la pièce rare. Et si Noëlle est particulièrement attirée par les voyages, l'histoire ou la littérature, elle propose une grande diversité de livres d'occasion, anciens et modernes, sur des thèmes aussi variés que la philosophie, le théâtre, les beaux-arts ou la culture régionale. Les étudiants, à la recherche de livres en bon état et à petit prix, affectionnent particulièrement cet endroit : dès le mois de juin, ils viennent acheter les livres dont ils peuvent avoir besoin pour la rentrée.

Le vent de la modernité a évidemment soufflé sur la librairie Remy. La propriétaire s'est adaptée aux nouvelles technologies, mettant en ligne son catalogue d'ouvrages via le portail Abebooks. Car, lit-on dans une interview de la bouquiniste sur le site de La Plume Culturelle : « Dans les métiers des livres, cette librairie pratiquement centenaire et le monde moderne d'internet peuvent être complémentaires pour apporter aux lecteurs et aux chercheurs tous les outils nécessaires à leurs travaux. »

Adresse 25 rue Stanislas, 54000 Nancy, tél. 03 83 35 64 23 | Transports en commun Tram 1, arrêt Point-Central | Horaires d'ouverture Tous les jours sauf le lundi de 10 h à 12 h 30 et de 14 h à 19 h | À savoir D'autres petites librairies de quartier font la joie des Nancéiens, comme la librairie historique Les Deux Cités dans la Grande Rue.

58_Le Local

Un salon de coiffure, mais pas seulement…

Envie d'une nouvelle coupe de cheveux ? L'espace beauté de Franck Nemoz a ce qu'il vous faut – comme tout bon coiffeur. Mais si passer sous les ciseaux d'une pointure de la coiffure est une chose, découvrir un espace aux allures d'atelier d'artiste en est une autre. Le Local est un lieu atypique de 250 mètres carrés au décor épuré industriel et vintage, qui réunit un coiffeur et une vingtaine d'artistes du Grand Est. Un espace décoré de meubles design, où se mêlent livres d'art et créations capillaires.

Dans ce bouillon inventif, Franck Nemoz privilégie des colorations végétales et des soins sans silicone ni produits chimiques. Mécène et grand amateur d'art, il repère des tableaux, des sculptures, des objets de décoration pour les mettre en avant dans sa boutique. En faisant appel au collectif Cz'Arts, une association lorraine qui a pour objectif de fédérer les arts plastiques et visuels ainsi que l'artisanat d'art, Franck Nemoz partage avec ses clients des valeurs qui lui sont chères. Le Local propose en effet au grand public un large panel de créations originales : de Zec et ses bijoux fantaisie, mélange de cuir, verre, bois et métal, à Pascale Vautrin et ses peintures colorées, en passant par les œuvres du verrier Paulo Galvao de Almeida et les luminaires de Françoise Marteau, sans oublier les créations des céramistes Murielle Baudin et Lulu Zhang, tout attire le regard. Et à Franck de jongler allègrement tant avec le choix de sculptures en bois ou en bronze pour son espace qu'avec la sculpture des cheveux.

Sa devanture accroche l'œil et donne d'abord envie de discuter ou de se détendre un peu dans l'un des nombreux fauteuils et canapés. L'espace réservé aux colorations se trouve à l'arrière, masqué aux regards, donnant sur une coquette cour intérieure, et l'on aperçoit une volée de marches menant à une mezzanine. Vous l'aurez compris, ce salon est un lieu singulier, multiple et évolutif, à découvrir sans tarder !

Adresse 114 rue Saint-Dizier, 54000 Nancy, tél. 03 83 47 93 92, www.lelocal.art | Transports en commun Tram 1, arrêt Point-Central | Horaires d'ouverture Du mardi au vendredi de 9 h à 19 h et le samedi de 9 h à 18 h | À savoir Les installations d'œuvres de Franck changent tous les 3 mois.

59 Les macarons des sœurs Macarons

Un secret jalousement gardé

Le monde entier le connaît et nous l'envie : le macaron ! Ce petit gâteau rond à base d'amandes broyées, de blanc d'œuf et de sucre fait partie du patrimoine culinaire français, mais a probablement été ramené d'Italie par les cuisiniers de Catherine de Médicis à son arrivée en France pour épouser Henri II. En vénitien, *maccarone* veut dire « pâte fine », et serait cousin de « macaroni ».

À Nancy, les macarons ont contribué à la renommée de la ville, à tel point qu'une partie de la rue de la Hache où habitaient deux religieuses ayant porté cette douceur sur les fonts baptismaux a été rebaptisée rue des Sœurs-Macarons en 1952. Des bonnes sœurs qui font des macarons ? Marguerite-Suzanne Gaillot et Marie-Élisabeth Morlot prirent le voile au sein de la communauté des Dames du Saint-Sacrement, fondée par Catherine de Lorraine, fille du duc Charles III et abbesse du couvent vosgien des chanoinesses de Remiremont. La suppression des congrégations religieuses en 1792 les obligea à se réfugier dans la famille Gormand, rue de la Hache. Elles y entreprirent la fabrication de ce qui allait devenir le véritable macaron de Nancy. Le commerce des sœurs Macarons et leur recette ont été transmis de génération en génération. Mais le jeu des ventes de fonds de commerce faisant, les fours originels situés dans l'appartement des soeurs Macarons – propriété de la confiserie Lefèvre-Lemoine – ne sont, aujourd'hui, plus utilisés.

Depuis 2000, Nicolas Génot, pâtissier à la tête de l'illustre Maison des Sœurs Macarons, perpétue la tradition des religieuses et le secret de leur recette. D'ailleurs, la maison est toujours en lien avec les congrégations des sœurs Bénédictines de Bayeux, Rouen et Rosheim. Si, depuis plus de 200 ans, la recette ne cesse d'être l'objet de recherches des pâtissiers, cuisiniers et confiseurs, ils n'ont pour le moment jamais atteint la perfection de la recette originale.

Adresse 21 rue Gambetta, 54000 Nancy, tél. 03 83 32 24 25, www.macaron-de-nancy.com | Transports en commun Tram 1, arrêt Point-Central | Horaires d'ouverture Le lundi de 14 h à 19 h, du mardi au vendredi de 9 h 30 à 12 h 30 et de 14 h à 19 h, le samedi de 9 h à 19 h | À savoir La maison Grisot, également appelée hôtel de Gormand, qui abritait autrefois la Maison des Sœurs Macarons, est inscrite au titre des monuments historiques depuis 1987 pour ses deux fours, sa cheminée, son grand escalier et sa rampe en fer forgé, ses façades et toitures sur rue et sur cour (12 rue des Sœurs-Macarons, 54000 Nancy).

60 La maison alsacienne

La curiosité venue de Zutzendorf

Située dans le parc Sainte-Marie, la maison de Zutzendorf est née dans le petit village alsacien d'Obermodern-Zutzendorf, à mi-chemin entre Saverne et Haguenau. C'est une véritable curiosité au cœur d'un quartier Belle Époque qui affiche une tout autre architecture. L'inscription en allemand sur l'un des pans de bois de cette maison témoigne de son origine : « Jean Reeb et Marguerite Stoltz ont construit cette maison en 1804 ». Les époux, âgés respectivement de 20 et 19 ans, s'étaient mariés à Zutzendorf en décembre 1796.

Leur maison a été déplacée et reconstruite à Nancy en 1909 à l'occasion de l'Exposition internationale de l'est de la France, manifestation de grande ampleur organisée pour conforter la ville de Nancy dans son rôle de cité-phare de la région. Image idéale et nostalgique de la province alsacienne perdue, cette bâtisse de Zutzendorf a repris forme grâce aux fonds récoltés par plusieurs souscriptions populaires et au soutien actif et appuyé d'un riche mécène. La France d'alors avait été amputée de l'une de ses plus riches contrées et les Français revendiquaient ouvertement le territoire alsacien. Acquérir une certaine autonomie économique, culturelle et politique constituait un enjeu mobilisateur pour l'ensemble de la population.

Première région industrielle de France grâce à la sidérurgie ainsi qu'à des échanges commerciaux florissants, le bassin nancéien devint une place financière de tout premier plan. Sans y voir une marque directe de ressentiment dirigée contre le voisin germanique, cette exposition peut être plutôt considérée comme l'expression d'un patriotisme intense en une période de montée des nationalismes.

La bâtisse transportée par chemin de fer à Nancy est une construction trapue, qui offre au regard des visiteurs cette alternance régulière de poutres et de chevrons de bois sur des murs de torchis blanchis à la chaux typique des maisons alsaciennes. On s'y croirait !

Adresse Maison de la Nature, 186 avenue du Maréchal-Juin, 54000 Nancy, tél. 03 83 36 59 04, www.jardins-grand-est.com | Transports en commun Bus 11, arrêt Nancy-Thermal | Horaires d'ouverture Tous les jours de 6 h 30 à 20 h (horaires susceptibles de changer en hiver) | À savoir Si les autres bâtiments de l'exposition ont disparu, cette maison a été conservée et abrite aujourd'hui la Maison de la Nature.

61 La Maison des Créateurs

Sous ce toit, les savons

Le Pavé de Nancy n'est pas, comme on pourrait le penser, un élément d'architecture de la place Stanislas, mais un savon à l'huile essentielle de bergamote, breveté par l'artisan savonnier Abdelrhani Azzab et vendu à la Maison des Créateurs.

C'est en 2005, lors de l'inauguration de la nouvelle place Stanislas, que le projet de créer ce « pavé-savon » est né. De l'eau, de la soude, de l'huile, des huiles essentielles : la liste des ingrédients est des plus simples, mais n'est rien sans la magie de l'artisan. Fier de son savoir-faire, Abdelrhani Azzab a complété sa gamme avec Le Lorrain, un savon à la cerise qu'il a ensuite décliné en plusieurs fragrances. L'ambition du maître savonnier était alors de créer un savon au parfum gourmand : après avoir découvert que les premiers cerisiers avaient été importés en France par un Lorrain, Jean Morelot, au XVIe siècle, il a décidé de l'utiliser pour donner vie au Lorrain, en apposant sur ses créations le slogan de l'office du tourisme : « I love Nancy ». L'huile de cerise provient de la ville voisine de Saint-Nicolas-de-Port, ce qui s'inscrit dans la démarche volontairement éthique et écologique du savonnier. Quant au savon Le Majorelle, savon « chouchou » de l'artisan, il est un hommage à Jacques Majorelle, peintre lorrain, marocain d'adoption.

En une vingtaine d'années, Abdelrhani n'a eu de cesse de promouvoir la création locale et de développer ses savons aux appellations artistiques. Une passion mise en lumière à la Maison des Créateurs, boutique installée dans le centre commercial Saint-Sébastien. Nichée au premier étage, la Maison des Créateurs réunit des artisans locaux qui désirent mettre en avant leur savoir-faire avec des créations originales et uniques : celles de Tatiana Vinnikova, réalisées avec la laine feutrée, de Dilip Jindal, qui crée des bijoux en pierre naturelle… Il n'est pas rare que ce vivier de créateurs invite également d'autres maisons d'art de la région, comme cela a été le cas avec la maison Daum.

Adresse Centre commercial Saint-Sébastien, place Charles-III, 54000 Nancy, tél. 06 18 26 52 13 | Transports en commun Tram 1, arrêt Point-Central | Horaires d'ouverture Du lundi au samedi de 9 h 30 à 19 h 30 | À savoir À l'image de la Maison des Créateurs, le Pop-up Store de la ville de Nancy accueille de nouveaux créateurs de talent de façon éphémère devant la cathédrale (place Monseigneur-Ruch, 54000 Nancy).

62 La Maison de Myon

Chambres d'hôtes et lieu iconique

Derrière la cathédrale de Nancy, dans l'ancien quartier des chanoines, on peut contempler de très belles façades de maisons. Martine Quénot est la propriétaire de l'une de ces demeures à l'abri des regards, qui date du XVIIIe siècle.

Tout en souhaitant conserver l'esprit des lieux, elle a transformé et restauré la propriété en une maison d'hôtes et l'a baptisée la « Maison de Myon », du nom des premiers propriétaires. Ancienne négociante en vins, Martine a su créer au cœur de la ville un écrin paisible qui reflète son parcours et ses envies du moment. L'hôtel particulier d'une superficie de 650 mètres carrés se déploie en appartements et chambres.

Depuis plus de 10 ans, les habitués et les touristes de passage y séjournent en toute quiétude dans un cadre exceptionnel. L'espace réticulaire de la demeure est une cour intérieure aux airs de campagne, baignée de lumière en toute saison. L'atmosphère apaisante tient autant à la décoration qu'à la collection hétéroclite d'objets glanés au fil des voyages de cette propriétaire charismatique qui a concrétisé un rêve né il y a quelques années. Parmi les raretés qui lui tiennent à cœur, une tête de Christ du XVIIe siècle sculptée dans un tronc d'olivier et un Bouddha rapporté d'Indonésie.

Dans la Maison de Myon, on passe ainsi d'une ambiance Art déco à un bain d'art contemporain, de pièces style XVIIIe à d'autres, légèrement japonisantes : un « comme chez soi » qui fait le bonheur des esthètes.

Dans cette maison de maître, le service est charmant et le moindre détail soigné : autrefois bibliothèque, l'écurie est devenue une chambre tout confort accessible aux personnes à mobilité réduite et l'entrepôt de la carriole est devenu une petite salle de conférence à deux pas de la place Stanislas, derrière la rue Primatiale. Unique en son genre, la Maison de Myon est un véritable nid douillet pour un séjour raffiné.

Adresse 7 rue Mably, 54000 Nancy, tél. 03 83 46 56 56, contact@maisondemyon.com | **Transports en commun** Tram 1, arrêt Cathédrale | **Horaires d'ouverture** Accueil entre 15 h et 19 h | **À savoir** Si vous séjournez à la Maison de Myon, Martine Quénot peut vous réserver un massage, pour une pause encore plus apaisante.

63 La Maison du Peuple

Pour accueillir une université populaire

Au-delà d'un simple mouvement artistique, l'Art nouveau exprimait une tentative d'alliance entre les arts et l'industrie pour répondre aux changements politiques, sociaux et technologiques sans précédent qui s'amorçaient au lendemain de la guerre de 1870. Les femmes et les hommes issus du peuple commencèrent alors à s'affirmer dans la société. C'est dans ce contexte de bouleversements que l'ingénieur alsacien Charles Keller et son épouse Mathilde ouvrirent la Maison du Peuple.

La Maison est née de la volonté du couple de fournir un local aux activités de l'université populaire de Nancy, destinée à l'éducation des travailleurs lorrains et dispensant de nombreux cours à ceux qui n'avaient pas eu la chance de faire des études. La description qu'en a fait la revue *La Lorraine artiste* en mai 1902 est éloquente : « On vient d'édifier à Nancy une Maison du Peuple […] Les soubassements solides prêtent leur appui à des pilastres qui s'élèvent vers le ciel et soutiennent un arc triomphal duquel surgit la Pensée libre. Une porte aux lignes nerveuses donne accès à cette demeure de paix et de joie […] Au-dessus, dans une niche du fronton, un forgeron indique que, seul, l'oisif ne peut franchir cette entrée. »

Conçu sur les plans de l'architecte Charbonnier, cet édifice fut décoré par Eugène Vallin, et Victor Prouvé sculpta les allégories sur la façade représentant l'alliance du Travail et de la Pensée. Au-dessus de la porte d'entrée, un forgeron assis, appuyé sur son marteau devant son enclume, figure l'effort humain sur la matière brute. Sur le tympan du corps central, une jeune femme sur des branches de pin symbolise, quant à elle, la Pensée libre. Lors du décès de Charles Keller, en 1907, la Maison du Peuple fut mise à la disposition de la Fédération des syndicats puis léguée à la Confédération générale du travail par Marguerite Keller, qui en a depuis fait le siège de son union départementale.

Adresse 2 rue Drouin, 54000 Nancy | Transports en commun Tram 1, arrêt Cathédrale | À savoir L'allégorie de la Pensée libre est évoquée par le critique d'art Émile Nicolas : « Elle se dégage radieuse de la gangue qui la retenait au sol, choisissant comme séjour les éoliennes forêts de pins que la saison inclémente ne dépouille jamais de leurs verts rameaux. »

64 Le marché central

Le ventre de Nancy

Une soixantaine de commerçants y sont regroupés : bouchers, charcutiers, fromagers, maraîchers ou jardiniers-fleuristes installés sous les halles du marché central de Nancy. Le marché est l'âme d'une ville, à l'image des commerces de proximité : c'est là que l'on fait provision de chaleur humaine, de poésie et… de victuailles. Dans cette caverne d'Ali Baba, on déambule au fil des étals, saisis par la gouaille de certains marchands qui annoncent par le menu les offres du moment ; on attrape au vol les échanges entre les acheteurs sur le temps qu'il fait, leur état de santé et l'actualité. Tout s'entremêle.

Les marchands ont installé leurs étals sur la place la plus importante de la Ville Neuve il y a plus de 4 siècles, sous le règne du duc Charles III de Lorraine, et n'ont depuis presque pas bougé, même si le marché central de Nancy a connu nombreuses évolutions.

Si c'était autrefois un marché en plein air, il est aujourd'hui couvert et se targue d'être l'un des plus importants marchés de la gastronomie lorraine, du fait de la qualité et de la variété des produits vendus par ses artisans. Datant de 1852, le bâtiment a été plusieurs fois modifié pour prendre sa configuration actuelle. Son architecture en forme de U est le résultat d'un concours ouvert par le conseil municipal en 1849 et remporté par l'architecte Euclide Justinien Thiebert. Une halle centrale fut édifiée au centre de ce bâtiment dans les années 60 et rénovée entre 2003 et 2006, sur une place qui le fut également en 2012.

Quelle que soit sa dénomination – anciennement place Henri-Mengin, rebaptisée place Charles-III –, cette place est pour les habitants de Nancy leur « place du Marché ». On y entre par la halle centrale sous une imposante horloge ; les étalages des marchands se répartissent le long de ses deux ailes. Côté rue Saint-Dizier, on peut se restaurer, car ce marché n'est pas qu'un espace dédié aux courses, il est aussi un lieu de partage et de convivialité.

Adresse Place Henri-Mengin, 54000 Nancy | Transports en commun Tram 1, arrêt Point-Central | Horaires d'ouverture Du lundi au samedi de 7 h à 19 h et le dimanche de 9 h à 13 h 30 | À savoir La halle centrale a été renommée cour Jean-Pierre-Coffe, en mémoire du critique gastronomique et animateur de télévision, originaire de Lunéville et décédé en 2016.

65 Les merveilles du Jardin botanique

Attention les doigts

Elles arborent des couleurs attrayantes et semblent fort inoffensives ; pourtant, les plantes de la collection du jardin botanique Jean-Marie-Pelt, autrefois appelé « jardin botanique du Montet » et renommé en hommage au botaniste lorrain disparu en 2015, sont toutes carnivores.

Situé au sud-ouest de l'agglomération nancéienne, c'est un vaste parc installé dans un large vallon où pas moins de 650 plantes carnivores sont recensées, constituant l'une des plus importantes collections en Europe. Menacées par la destruction de leur habitat et la pollution des sols, les plantes carnivores ont dû s'adapter et être capables d'attirer, capturer et digérer des proies, en général des insectes, mais aussi de petits rongeurs jusqu'à la taille d'un rat. Elles ont parfois de jolies feuilles dentelées et gluantes émettant un parfum sucré de nectar pour attirer et piéger leurs victimes. Aurélien Bour, responsable scientifique des collections botaniques tropicales et passionné de ces plantes carnivores, s'en amuse : « C'est un sujet assez fascinant parce qu'ici, à l'inverse de ce que l'on observe, ce sont les plantes qui se nourrissent des animaux ! »

Sur 35 hectares de verdure, ce jardin botanique reflète l'extraordinaire richesse du monde végétal et a pour mission de conserver la biodiversité avec près de 12 000 espèces, dont la moitié sont élevées dans les serres tropicales. Les collections thématiques mêlent plantes de la région et de contrées les plus lointaines. Feuillus, conifères, bambous, roses, dahlias, iris et bien d'autres espèces apportent des notes colorées tout au long de l'année. Quant aux serres tropicales, elles offrent un dépaysement total avec leur flore exotique, leurs nénuphars géants d'Amazonie, leur forêt de palétuviers, leurs cactus mexicains, leurs orchidées épiphytes ou leurs palmiers malgaches… Chaque saison, les visiteurs peuvent découvrir la beauté de ce patrimoine végétal.

Adresse 100 rue du Jardin-Botanique, 54600 Villers-lès-Nancy, www.jardinbotaniquedenancy.eu | Transports en commun Tram 1, arrêt Saint-André – Jardin-Botanique | Horaires d'ouverture Tous les jours de 9 h 30 à 12 h et de 13 h à 17 h | À savoir Les plantes carnivores sont aussi étudiées à des fins médicales.

66 La MJC Lillebonne

Le cœur de la culture

À cet emplacement se trouvait autrefois l'ancienne Maison des étuves municipales – c'est-à-dire les bains publics municipaux de Nancy –, devenue l'hôtel Beauvau puis l'hôtel de Lillebonne. Aujourd'hui, cette demeure seigneuriale reconvertie en Maison des jeunes et de la culture vibre aux sons des spectacles et des concerts.

L'existence d'une étuve rue des Étuves est attestée depuis 1531. Ce type d'établissement était concédé à un « étuviste » (aussi nommé « étuvier » ou « étuveur »), qui l'exploitait moyennant rétribution. Quand Claude de Beauvau entra en possession du bâtiment en 1578, il était en mauvais état. Conseiller du duc de Lorraine Charles III et gouverneur du futur Henri II durant sa minorité, il fit détruire une partie de l'édifice et aménager le reste par l'architecte Nicolas La Hiere. Le bâtiment ainsi restauré a retrouvé les traverses et meneaux qui avaient été supprimés. La richesse de la famille Beauvau se remarque dès la porte d'entrée, encadrée de colonnes ornées de couronnes de feuillages, de cet hôtel particulier aux allures de palais Renaissance d'inspiration italienne. Décoré de fines sculptures à entrelacs et à palmettes, l'escalier est sans aucun doute l'élément le plus artistique en ces lieux.

La demeure fut ensuite vendue au duc de Lorraine et offerte par Charles IV à sa fille Anne de Lorraine, née de son mariage rocambolesque avec Béatrix de Cusance. Elle épousa François-Marie, prince de Lillebonne, cadet de la maison d'Elbeuf en Normandie. Le couple s'installa quelque temps dans l'hôtel qui prit alors son nom. En 1826, la congrégation des Filles de la Charité de Saint-Vincent-de-Paul acheta l'hôtel, qui devint une partie intégrante de la Maison de la Providence où les sœurs soignaient les indigents et donnaient une éducation gratuite à de jeunes filles. Et c'est en 1972 que la ville de Nancy se porta acquéreur de l'ensemble immobilier constitué par les sœurs pour y accueillir la MJC Lillebonne Saint-Epvre.

Adresse 14 rue du Cheval-Blanc, 54000 Nancy, tél. 03 83 36 82 82 | Transports en commun Bus 12/13/16/62, arrêt Place-Carnot | À savoir Madame de Sévigné a vanté dans ses *Lettres* la vertu des bains de Nancy.

67 Le monument d'Émile Coué

Le père de la pensée positive

« Tous les jours, à tous points de vue, je vais de mieux en mieux. » Qui n'a jamais entendu cette formule d'autosuggestion du célèbre pharmacien et psychothérapeute français Émile Coué ? Un monument orné d'un buste le représentant fut inauguré en 1936 dans le parc Sainte-Marie. Le buste, comme d'autres statues en bronze de la ville, disparut durant la guerre et fut remplacé en 1947. On peut lire sur une plaque à côté de ce monument : « À l'initiateur et à l'homme de bien en reconnaissance mondiale. »

Coué est donc connu dans le monde entier pour sa méthode de guérison par autosuggestion. Il officia à Nancy comme psychologue et psychothérapeute de 1902 à 1925. Mais en quoi consiste donc sa méthode ? Aujourd'hui, on la baptiserait « auto-coaching ». C'est un système de pensées positives qui permet de renforcer la confiance en soi pour une meilleure maîtrise de soi-même. Émile Coué a démontré que ce n'est pas la volonté qui nous fait agir, mais l'imagination. Selon cette théorie, ce serait même la plus grande force de l'Homme, qu'il doit apprendre à utiliser pour obtenir ce à quoi il aspire. Et comment ça marche ? D'après ce père de la psychologie analytique, grâce à un système de projection ou de visualisation d'objectif. En s'autopersuadant qu'une chose est vraie ou va se produire, on induit l'action et la volonté est guidée par l'imagination. Ainsi, la concrétisation des idées devient possible dès l'instant où l'on y croit.

« Ce n'est que lorsque vous croyez être le maître de vos pensées que vous le devenez », a-t-il écrit. Serait-ce trop beau pour être vrai ? Pas si l'on en croit les entraîneurs ou les travailleurs stressés. Dans tous les cas, d'aucuns ont constaté que des mantras positifs éclairent l'existence et permettent de l'aborder différemment. Un mode de vie qui évite les pensées et les sentiments négatifs pour plus de légèreté.

Adresse Parc Sainte-Marie, 1 avenue Boffrand, 54000 Nancy, tél. 03 83 36 59 04, www.jardins-grand-est.com | Transports en commun Bus 11, arrêt Nancy-Thermal | Horaires d'ouverture Tous les jours de 6 h 30 à 20 h (horaires susceptibles de changer en hiver) | À savoir Pharmacien à Troyes au début de sa carrière, Émile Coué aurait découvert l'effet placebo en accompagnant d'un mot sympathique les médicaments qu'il vendait.

68_Le monument aux morts

Le sens caché de la porte Désilles

Elle fait partie du paysage nancéien comme les sept autres portes de la ville, mais sait-on au juste ce qu'elle symbolise ? Cette porte, ou arc de triomphe, de 12 mètres de haut, fut construite de 1782 à 1784 sous la direction de l'architecte Didier-Joseph-François Melin selon les souhaits du maréchal de Choiseul-Stainville, gouverneur général de Lorraine. Elle devait commémorer les Nancéiens morts pour l'indépendance de l'Amérique durant la bataille de Yorktown, en Virginie, et elle est donc considérée, à juste titre, comme le plus ancien monument aux morts de France.

Au fil du temps, elle fut nommée porte Saint-Louis, porte Stainville, puis porte Désilles pour rappeler la mort tragique du lieutenant héroïque éponyme. Originaire de Saint-Malo, André Désilles fut blessé le 31 août 1790 lors d'un épisode marquant de la Révolution française, dit « l'affaire de Nancy ». Un tableau d'Eugène Delacroix immortalise cette lutte fratricide, qui fit 300 morts et blessés. L'officier Désilles s'était interposé entre ses soldats et les troupes du marquis de Bouillé, gouverneur des Trois-Évêchés, c'est-à-dire de Toul, Metz et Verdun. Ce dernier avait lancé une opération punitive sanctionnant la mutinerie de la garnison de Nancy.

Érigée dans le prolongement nord du cours Léopold et de l'esplanade du Souvenir-Français, la porte Désilles, aux sculptures et bas-reliefs de Jean Joseph Söntgen, évoque aussi la bataille de Nancy qui vit, en janvier 1477, les troupes du duc de Lorraine René II affronter victorieusement celles du duc de Bourgogne, Charles le Téméraire. Elle est devenue, au fil du temps, le lieu de toutes les commémorations patriotiques de la ville, avec des citations aux militaires et aux civils morts pour la France en Indochine, en Corée, en Algérie, en Tunisie et au Maroc, comme le mentionne la plaque installée sur la dalle : « La ville de Nancy à tous ses enfants morts pour la France au cours de son histoire. »

Adresse 13 place de Luxembourg, 54000 Nancy | Transports en commun Bus 12/13/16/62, arrêt Charles V | À savoir Pour célébrer le bicentenaire du jour où le lieutenant Désilles s'est jeté contre la bouche des canons pointés sur les insurgés de la garnison, une plaque relatant les circonstances de sa mort a été scellée sur la porte.

69 Le Muséum-Aquarium

Aquariums et œuvres d'art

Avec sa façade constituée d'un empilement de blocs de béton, matériau novateur pour l'époque, le bâtiment Art déco du Muséum-Aquarium de Nancy est fascinant. Signée par Jacques et Michel André, les fils de l'architecte Émile André de l'École de Nancy, la conception du Muséum-Aquarium de Nancy, souvent abrégé en MAN, a été notamment inspirée par les travaux de l'architecte américain Frank Lloyd Wright. Inauguré en 1933, le MAN est l'un des tout premiers bâtiments modernes de la ville, dont la création a été proposée par Lucien Cuenot, biologiste, généticien et théoricien de l'évolution.

Véritable ovni dans le paysage nancéien avec ses blocs décoratifs préfabriqués et standardisés, l'édifice abrite un bestiaire impressionnant constitué de plus de 200 espèces d'animaux aquatiques évoluant dans 57 aquariums différents. Plusieurs milliers de spécimens naturalisés, dont l'origine remonte à la Révolution française, sont présentés tout au long d'un parcours de visite conçu en lien avec la thématique de l'évolution, donnant un aperçu de la richesse de la faune mondiale.

L'audace de l'architecture extérieure résonne avec le programme des expositions temporaires que l'on peut y découvrir une fois les portes du musée franchies, mais aussi avec la décoration intérieure. Le musée n'a pas hésité à donner carte blanche à des street artistes pour remettre au goût du jour certaines salles. Par exemple, le graffeur havrais Teuthis et l'artiste-illustrateur nancéien Runs ont exposé certains de leurs collages : les poissons étaient comme sortis de leur aquarium ; nageoires, pattes, dents et écailles venaient décorer les murs de la salle d'exposition temporaire sur une fresque de 45 mètres de long. Et chaque année, le Muséum-Aquarium de Nancy redouble de créativité pour proposer des expositions sur des sujets de société qui touchent aux relations homme-animal. Zoologie, physiologie, sociologie, art contemporain, autant de disciplines qui sont convoquées pour enrichir la réflexion.

Adresse 34 rue Sainte-Catherine, 54000 Nancy, tél. 03 83 32 99 97, www.museumaquariumdenancy.eu | Transports en commun Tram 1, arrêt Division-de-Fer | Horaires d'ouverture Du mardi au dimanche de 9 h à 12 h et de 14 h à 18 h | À savoir Au rez-de-chaussée du MAN se trouvent trois aquariums, les galeries Nautilus et Calypso ainsi que la salle bateau. Au bout de la galerie Nautilus, la galerie de l'Astrolabe accueille des expositions temporaires d'artistes contemporains.

70 Nancy Thermal

Un bain de bien-être

Elle a été la star du premier film de Philippe Claudel *Il y a longtemps que je t'aime.* Située à quelques brassées du campus Artem, la piscine ronde de Nancy Thermal évoque la source découverte par l'architecte Louis Lanternier en 1908. Sur un terrain du quartier Blandan, il réalisa un forage dont jaillit une eau à 36 degrés aux propriétés anti-rhumatismales. Cette source, venue de l'eau tombée sur le sommet vosgien du Donon, est aussi celle que l'on trouve à Amnéville ou encore à Baden-Baden.

Inspiré par les propriétés curatives de l'eau de Nancy Thermal reconnues par l'Académie de médecine en 1911, Louis Lanternier souhaitait faire de Nancy une grande ville thermale et a fait construire, juste à côté du parc Sainte-Marie, des bâtiments attirant de nombreux amateurs aisés en mal de détente et de bonne santé. C'est également à cet endroit que fut mis en lumière son projet grâce à l'Exposition internationale de l'est de la France, qui rassembla en 1909 deux millions de visiteurs sur plusieurs mois. Mais la guerre de 1914 et le décès de Louis Lanternier amorcèrent le déclin du thermalisme pour la ville, privant la station de la renommée escomptée.

Composé de luxueux thermes et d'une grande piscine d'eau thermale conçue comme des bains municipaux, cet établissement constitue un ensemble atypique. Reconnu pour son intérêt architectural et ses étonnantes mosaïques bleu-vert, l'ensemble Belle Époque de Nancy Thermal est inscrit au titre des monuments historiques depuis 2020.

Avec l'ouverture en 2023 d'un établissement de soins à la pointe de l'innovation, le rêve de Louis Lanternier deviendra réalité. Nancy Thermal sera en effet le seul pôle aquatique et thermal conjuguant forme, détente, bien-être et santé, situé en cœur de ville, accolé à l'écrin de verdure du parc Sainte-Marie et dont le projet architectural futur s'appuie sur le patrimoine existant.

Adresse Esplanade Jacques-Baudot, 54000 Nancy, tél. 03 85 41 55 55, www.grandnancythermal.fr | Transports en commun Bus 11, arrêt Nancy-Thermal | Horaires d'ouverture La réouverture est prévue pour 2023 | À savoir C'est l'architecte Anne Démians qui a relevé le défi d'agrandir et de rénover Nancy Thermal en pariant sur « une certaine idée de l'architecture classique-moderne ».

71 Le Neptune de l'hôtel d'Haussonville

Quand le dieu des eaux s'invite

Un motif ornemental rococo surmonte la fontaine de l'hôtel d'Haussonville tout comme la fontaine monumentale de la place Stanislas : Neptune pour les Romains, Poséidon pour les Grecs, dieu de l'Olympe et maître des eaux. Cette fontaine à eau, élément de décor d'une somptueuse cour ouverte, interpelle le passant. Apparues surtout à la Renaissance, les fontaines de style baroque se déploient partout en France, et le dieu du monde aquatique en est la figure prisée.

À l'époque, les nobles Nancéiens, suivant l'exemple de leurs souverains, se firent construire de belles demeures aristocratiques pourvues de fontaines ouvragées, comme à l'hôtel d'Haussonville : armé d'un trident, Neptune pose le pied sur la tête d'un dauphin. Une invitation à découvrir le raffinement des lieux. Classé monument historique depuis 1982, l'hôtel d'Haussonville est devenu un hôtel de standing quatre étoiles. La cour d'honneur présente une riche décoration caractéristique de cette époque et en fait l'une des belles demeures conservées dans la Ville Vieille. On peut observer à loisir la façade de l'hôtel ornée de deux galeries extérieures. Celle du premier étage, minutieusement travaillée dans un style gothique flamboyant, arbore une dentelle de pierre ; la seconde, Renaissance, s'appuie sur des feuilles d'acanthe. Un motif sculpté en creux représente une architecture en trompe-l'œil inspirée des traités de Leon Battista Alberti, prestigieux représentant du Quattrocento, parmi les premiers artistes à avoir théorisé la perspective linéaire en peinture.

Genre pictural, mais aussi architectural, le trompe-l'œil joue sur la confusion de la perception du spectateur. Il permet d'obtenir un effet de hauteur, d'ouverture vers le ciel. Jeu sur les perspectives, se fondant dans un décor de façon presque indécelable, il fut très en vogue à la Renaissance et suscita un véritable engouement.

Adresse 9 rue Monseigneur-Trouillet, 54000 Nancy, tél. 03 83 35 85 84 | Transports en commun Bus 12/13/16/62, arrêt Haut-Bourgeois | Horaires d'ouverture On aperçoit cette fontaine depuis la rue | À savoir Le style rococo se développa en France sous le règne de Louis XV (1715-1774). Il s'agissait alors d'un nouveau répertoire iconographique qui s'était libéré des formes classiques et osait les volutes. À cette époque, de nombreuses fontaines furent construites dans un style rocaille, fait de rochers et de coquillages.

72_Notre-Dame-de-Bonsecours

L'autre nécropole

À l'origine, cette église était une chapelle dédiée à la Vierge en remerciement de la victoire de René II sur Charles le Téméraire et les Bourguignons en 1477. Stanislas décida d'en faire une église destinée au culte marial. Il demanda donc à l'architecte Emmanuel Héré d'établir les plans de ce nouveau lieu sacré, édifié entre 1738 et 1741. Modeste par sa taille – 18 mètres de haut –, Notre-Dame-de-Bonsecours, d'un plan basilical simple, témoigne du style rococo de l'époque en France.

Deux petits rangs de fenêtres viennent éclairer l'intérieur de cette église qui vaut le détour pour sa splendide voûte évoquant les mystères de la Vierge. Les motifs muraux sont en stuc imitant le marbre, la chaire est décorée de moult détails. L'église accueille des statues polychromes des saints favoris du roi, tels sainte Reine ou saint Jean Népomucène, apparenté à la famille des Leszczynski. Stanislas se rendait plusieurs fois par an en ces lieux pour y prier « à la polonaise », c'est-à-dire étendu sur le sol, le visage collé à terre durant tout le sacrement de la communion. N'appartenant pas à la maison de Lorraine, il préféra ce nouveau bâtiment à la chapelle des Cordeliers – traditionnellement réservée aux ducs de Lorraine – pour abriter sa sépulture et celle de son épouse. Notre-Dame-de-Bonsecours est d'ailleurs devenue un lieu de pèlerinage renommé pour les compatriotes du couple royal polonais.

Le monument funéraire en forme pyramidale de Catherine Opalinska, épouse de Stanislas morte en 1747, fut réalisé par Nicolas-Sébastien Adam. Il est situé en face du mausolée du duc, réalisé en 1776 par le sculpteur Louis-Claude Vassé. Stanislas est représenté allongé, la main appuyée sur son sceptre. Il est pleuré par la Lorraine agenouillée portant un voile de deuil. Parmi les deux autres monuments funéraires placés à proximité se trouve celui de la reine Marie Leszczynska. Seul son cœur a pu rejoindre la dépouille de ses parents.

Adresse 256 avenue de Strasbourg, 54000 Nancy | Transports en commun Bus 21, arrêt Alsace-Bonsecours | À savoir Au Musée lorrain, les visiteurs peuvent admirer une estampe de Jean-Charles François représentant le monument funéraire de la reine Catherine Opalinska. Une messe en polonais est toujours célébrée chaque semaine dans cette église.

73 L'œuvre de Rodin

L'étrange destinée d'un Claude Gellée statufié

Conçue en 1765 le long des remparts de la ville, la Pépinière est transformée en 1835 en parc public. Ses 23 hectares sont alors plantés d'arbres séculaires : hêtres pourpres, séquoias géants, magnolias… et égayés par une roseraie riche de plus de 2 000 variétés. Un parc animalier et un kiosque à musique circulaire doré interpellent les promeneurs qui déambulent dans la « Pep' », doux nom donné par les gens du cru. En flânant, on croise aussi quelques statues, dont celle de Claude Gellée, dit « le Lorrain », au nord du parc. Cette statue de bronze sur socle de pierre indiffère la plupart des passants, mais elle suscita pourtant un scandale en son temps.

Très célèbre, Claude Gellée était un peintre, dessinateur et graveur lorrain, auquel on décida de rendre hommage à la fin du XIXe siècle. En 1892, c'est Auguste Rodin qui est missionné par la ville pour statufier le Lorrain, spécialiste des scènes pastorales, réputé pour avoir inspiré Turner. Le choix du sculpteur se fit au grand dam des tenants de l'académisme, dont l'un déclara, scandalisé : « L'habit est vivant, et donc froissé. Le modelage est vibrant, on reconnaît la patte de Rodin. La pose sur une jambe de travers n'est pas très orthodoxe non plus. Claude le Lorrain est le peintre du soleil ! Les chevaux du soleil surgissent donc du socle, conduits par un meneur dont le bras trop avancé a effarouché. Rodin a dû le corriger. Il l'a ensuite regretté. » Lors de son inauguration en 1892, ce modelage a rencontré des réactions particulièrement hostiles. Dans un article publié dans *Le Progrès de l'Est* le 9 août de la même année, le maître verrier Émile Gallé prend fait et cause pour cette « vision instantanée de la vie […] c'est assurément l'âme de Claude qui sort par les yeux et par la face, mais à l'incantation d'un autre grand artiste ! », et il conclut par ces mots : « La leçon d'histoire, c'est d'avoir hissé sur son rêve immense le maigre paysan de Chamagne. » Décidément, cette effigie scandaleuse vaut bien un détour !

Adresse Parc de la Pépinière, boulevard du 26e-Régiment-d'Infanterie et rue Sisgisberg-Adam, 54000 Nancy | Transports en commun Bus 16, arrêt Parc-de-la-Pépinière | Horaires d'ouverture Du 1er novembre au 31 mars de 6 h 30 à 20 h ; du 1er avril au 31 mai de 6 h 30 à 21 h ; du 1er juin au 31 août de 6 h 30 à 22 h 30 ; du 1er septembre au 31 octobre de 6 h 30 à 21 h | À savoir Claude Gellée, parti pour Rome à l'âge de 14 ans, n'a jamais perdu son affection pour sa Lorraine natale. Pendant sa jeunesse, cet élève de Claude Déruet travailla à la décoration de l'église des Carmes à Nancy, dont il ne subsiste rien.

74 Les ornements peints de César Pain

Au diapason de l'Art nouveau

Initialement conçues pour accueillir les curistes de la station thermale voisine, 17 maisons portent encore le fameux cartouche de l'architecte César Pain, installé sur les façades en pierre meulière, et qui donne aux maisons des airs de résidences secondaires. L'œuvre de César Pain ne se limite pourtant pas à la création de ces plaques en céramique joliment décorées, dont la plupart se trouvent dans la rue Félix-Faure.

César Pain, fils de géomètre, œuvra à Nancy sur une assez courte période comme « lotisseur » : il est d'ailleurs à l'origine de cette rue emblématique de la ville, à la petite touche de bord de mer. En effet, jusqu'à la veille de la Première Guerre mondiale, le lotissement de la rue fait l'objet d'une forte spéculation immobilière. Entre 1903 et 1913, César Pain acheta 17 parcelles pour y faire bâtir autant de pavillons en pierre meulière ; c'est la rue entière qui se met alors au diapason de l'Art nouveau.

Inédites dans le quartier, ces maisons sur quatre niveaux sont construites selon des règles d'urbanisme simple et s'inspirent de l'architecture balnéaire : avancées de toit, balcons de bois, couleurs des façades et utilisation de la brique. Au rez-de-chaussée, le salon donne sur la rue ; la salle à manger ouvre sur le jardin ; un couloir mène à l'escalier ; la cuisine se trouve dans un corps extérieur, côté jardin. Le premier étage est occupé par deux chambres et les sanitaires.

Côté ornements, chaque maison est individualisée par des motifs peints au niveau du premier étage, des décors de végétaux qui semblent tomber du toit pour s'étaler sur le haut des façades et, dans certains cas, sur la totalité du dernier étage. Chaque fenêtre est surmontée d'un arc en brique émaillée multicolore ou en brique crue. La décoration des façades garde toujours l'empreinte de l'architecte, pour le plus grand plaisir de nos yeux.

Adresse Rue Félix-Faure, 54000 Nancy | Transports en commun Bus 11, arrêt Nancy-Thermal | À savoir La rue Félix-Faure fut construite en 1901, selon une procédure de lotissement à l'initiative du « sieur Lefort », entrepreneur de Nancy qui a rendu hommage à Félix Faure, président de la République française de 1895 à 1899 ayant contribué à l'alliance franco-russe.

75 Le Palais de la Bière

Le passé brassicole de Nancy

À la veille de la Grande Guerre, Nancy était une véritable capitale industrielle. Côté industries alimentaires, les Grandes Brasseries réunies de Maxéville, nées en 1896 de la fusion de la brasserie Bettling et de la brasserie Viennoise, constituaient l'un des acteurs les plus importants de l'époque. Fermées après la Seconde Guerre mondiale, elles laissèrent le site aux Vins de la Craffe, qui l'ont occupé jusqu'à la fin des années 90.

De nos jours perdure, grâce au savoir-faire des brasseurs actuels, une intense activité brassicole en Lorraine, à tel point qu'une route permet de découvrir les sites remarquables liés à la bière. Il faut se souvenir que les premiers vestiges d'une activité brassicole dans la région remontent au IIIe siècle : on a en effet mis au jour des stèles votives provenant de communautés religieuses qui brassaient déjà la bière. La pratique connut un véritable essor au XIXe siècle avec la multiplication de petites brasseries, puis déclina après l'apparition des brasseries industrielles. Ces dernières années, sous l'impulsion de microbrasseries toujours plus nombreuses, on assiste à une résurgence du patrimoine brassicole lorrain.

Siège actuel d'une agence bancaire, le Palais de la Bière fut achevé en 1926 par Pierre Le Bourgeois pour la Société des brasseries de Champigneulles, dernière grande brasserie encore en activité. L'édifice comprenait un restaurant au sous-sol et une brasserie au rez-de-chaussée ; les étages, desservis par un ascenseur, étaient occupés par des bureaux et un hôtel de voyageurs de 75 chambres. La façade, marquée par des lignes droites est d'une grande sobriété, toutefois ornementée de fleurs de houblon. Le bâtiment était aussi réputé pour ses ferronneries de Jean Prouvé et son vitrail de Janin – aujourd'hui conservé au musée de la Bière à Stenay. D'un style résolument Art déco, il évoque le miracle accompli par saint Arnould, qui a fait de lui le patron des brasseurs lorrains.

Adresse Banque HSBC, 48-50 rue Saint-Jean, 54000 Nancy | Transports en commun Tram 1, arrêt Maginot | À savoir On compte encore actuellement près de 80 brasseries en Lorraine, à retrouver sur www.routelorrainedelabiere.com.

76 La pâtisserie Recouvreur

Taillevent est passé par là

Nul ne sait pourquoi Guillaume Tirel, né vers 1310, a été surnommé « Taillevent ». Ses origines normandes établies peuvent expliquer ce surnom, puisqu'il viendrait de Pont-Audemer et du lieu-dit Tallevende. Autour de ses 18 ans, Taillevent entra au service de la reine Jeanne la Boiteuse, femme de Philippe VI de Valois. Remarqué pour ses aptitudes, il fut rapidement nommé *queux* (« cuisinier » en ancien français). Son fameux *Viandier* passe pour être le premier livre de cuisine français. Dans ce traité, il vante déjà les qualités du pâté lorrain, sa viande de porc et de veau, ses échalotes. Sa préparation a pour base du vin, blanc sec ou gris, voire rouge, des échalotes, du persil, du sel et du poivre.

Les « petits pâtés lorrains » sont le lien gourmand entre tous les habitants de cette vaste région de Lorraine. Une marinade et une cuisson dans de la pâte feuilletée les rendent aussi goûteux froids que chauds. Qu'elle soit parfumée au vin de Toul ou d'Alsace, la marinade joue un rôle primordial dans la saveur du plat. Ce trésor de la gastronomie est fêté chaque année début septembre à Baccarat, en Meurthe-et-Moselle, depuis plus de 40 ans. Il existe même une confrérie du Pâté lorrain de Châtenois, dans les Vosges !

Le dessus du pâté lorrain est doré à l'œuf et peut être décoré de motifs géométriques. La tourte lorraine, elle, se cuisine de la même manière, si ce n'est qu'on y ajoute une migaine : des jaunes d'œufs battus dans de la crème. Cette préparation est introduite en milieu de cuisson par les orifices pratiqués dans la partie supérieure de la tourte. À Nancy, la pâtisserie Recouvreur a en partie bâti sa réputation sur l'excellence de cette charcuterie pâtissière. Une recette du XIIIe siècle, certes simple, mais dont le goût fameux vient d'un savoir-faire et d'une tradition exigeante. Quel bonheur de mordre dans un petit pâté, après être passé par cette adresse dont toutes les gourmandises aussi bien salées que sucrées font rêver !

Adresse 11 rue de la Faïencerie, 54000 Nancy, tél. 03 83 35 49 12, www.recouvreur.fr | Transports en commun Tram 1, arrêt Point-Central | Horaires d'ouverture Du mardi au samedi de 9 h à 19 h, le dimanche de 9 h à 12 h 45 | À savoir Le duc Stanislas Leszczynski aurait tout particulièrement apprécié le pâté lorrain. Il est donc peu probable que ce fut un plat populaire à l'origine.

77 La petite maison

La Normandie et la Lorraine réunies

« Le beau à la portée de tous », telle était la devise du groupe de 36 artistes, industriels et mécènes, fondateurs de l'Alliance provinciale des industries de l'art, connue sous le nom d'École de Nancy. Une vision neuve d'un monde en pleine évolution. Si le musée de l'École de Nancy porte le flambeau de l'Art nouveau dans la cité, de nombreuses maisons inscrivent dans la pierre l'esthétique de ce mouvement artistique né à la fin du XIXe siècle. En matière d'architecture, les références au naturalisme et aux lignes néogothiques de Viollet-le-Duc ont été les spécificités marquantes de cette identité artistique régionale.

La villa Lejeune est signée Émile André, architecte qui a également édifié trois des villas du parc de Saurupt (voir chap. 25), pour le compte d'Armand Lejeune, peintre de genre et de portraits, grand collectionneur de mobilier lorrain et d'objets orientaux. André dessina un avant-projet de cette « petite » maison, qui se révéla très proche des plans d'exécution dressés le 5 février 1902. Avec un budget limité, l'architecte a dû concevoir le logis de l'artiste et celui du gardien, ainsi qu'un atelier, le tout sur une surface de 210 mètres carrés. Le remarquable toit en pagode rappelle étrangement les toits normands, mais le reste de la réalisation est présenté comme un modèle de « maison moderne ». Les quatre angles du toit ont été relevés pour des raisons pratiques, et leurs courbes ont été développées dans un but esthétique et symbolique, à l'image de ce qui se faisait pour les édifices prestigieux.

Accolé à la bâtisse, le garage au toit-terrasse est l'un des premiers construit à Nancy. L'agencement intérieur, particulièrement bien pensé, permettait initialement de faire communiquer l'atelier de l'artiste et le salon grâce au déplacement de panneaux coulissants. Cet atelier disposait d'une grande baie vitrée exposée au nord, aujourd'hui disparue, et deux des façades étaient ornées d'un décor animal.

Adresse 30 rue du Sergent-Blandan, 54000 Nancy | Transports en commun Bus 11/16, arrêt Painlevé | À savoir Inspiré par le style gothique, Émile André a inventé des formes décoratives nouvelles, conférant à ses édifices un caractère singulier et pittoresque.

78_La pharmacie du Ginkgo

L'une des plus anciennes de Nancy

Amorcé en 1884, le courant de l'Art nouveau dit l'École de Nancy fédère artistes et petits industriels. Tous croyaient en un art affiché dans les lieux du quotidien. Le début de la Première Guerre mondiale mit un terme à ce mouvement artistique qui ne dura tout au plus qu'une trentaine d'années. Influencés par la « vague japonisante », les décorateurs puisèrent dans le répertoire des plantes exotiques pour en faire des motifs décoratifs. Parmi ces plantes se trouvait le ginkgo biloba, arbre magnifique vénéré en Asie, dont les feuilles d'un harmonieux dessin rappellent la forme de palmes ou d'éventails.

Ces ornements décorent aujourd'hui les ferronneries extérieures de la porte du garage à gauche de l'entrée de la pharmacie du Ginkgo, l'une des plus anciennes officines de la région encore en activité. À l'origine, la pharmacie était aussi une droguerie, ouverte en 1804 par la famille Monal et située au 6 rue des Dominicains. On peut d'ailleurs encore remarquer ses pommes de pin dans les angles supérieurs de la devanture du magasin Longchamp et apprécier les courbures des ferronneries de sa porte.

En 1916, les frères Monal désirèrent agrandir leur commerce. Ils partirent un peu plus loin dans la rue des Dominicains, confiant à Paul Charbonnier le remaniement du rez-de-chaussée d'un immeuble ancien pour y installer leur nouvelle pharmacie. L'architecte choisit d'édifier une devanture assez sobre : la vitrine est organisée par des tiges en ferrailles travaillées dans un style végétal ; la porte est elle aussi encadrée par un travail de ferronnerie. On peut apercevoir deux voussures en forme de feuille de fougère. L'aménagement intérieur a, quant à lui, été réalisé par Louis Majorelle. La mosaïque au sol représente une large feuille de ginkgo. Cette officine est comme un manifeste entre Art nouveau et Art déco : elle traduit subtilement le passage d'une inspiration botanique à une esthétique bien plus géométrique.

Adresse 38 rue des Dominicains, 54000 Nancy | Transports en commun Tram 1, arrêt Point-Central | À savoir On peut aisément faire un tour des officines de Nancy dont les décors sont inspirés par l'Art nouveau ou l'Art déco, comme la pharmacie du Point Central, 35 rue Saint-Dizier, non loin du marché, et sa mosaïque bleutée Art déco signée par le céramiste Antoine Ebel.

79 La place Dombasle

L'histoire de la charrue

Au XVIIIe siècle, la révolution de la mécanisation permit aux agriculteurs d'améliorer leur rendement et d'optimiser leur production. Dans la lignée de ces progrès, l'agronome lorrain Mathieu de Dombasle s'interrogea sur les techniques de labourage : « Les terres lourdes cultivées par l'agronome lorrain sont essentiellement des sols développés sur marnes irisées, très fertiles, mais difficiles à labourer en raison de leur forte teneur en argile », observait-il avant de perfectionner, dans les années 1810-1820, la charrue qui prendrait son nom. L'aspect novateur de « la Dombasle » était de permettre des labours plus profonds et plus réguliers.

Symbole de l'agriculture, le labour est l'action la plus commune du travail du sol qui consiste à retourner la bande de terre ainsi sarclée. Entre empirisme et théorie, Mathieu de Dombasle a été le précurseur de l'enseignement supérieur agricole français et de sa pédagogie novatrice. Ainsi, il a inscrit l'agronomie dans le cadre de la science de son temps et a posé les jalons d'une institutionnalisation de la discipline agronomique. Sa « ferme exemplaire » de Roville-devant-Bayon lui valut le surnom de « meilleur laboureur de France ». L'importance de son legs, riche de milliers de pages écrites, tant sous forme de correspondance que de textes imprimés, a permis la diffusion de ses expériences et de ses méthodes. Son œuvre a été prolifique, même si la postérité a surtout retenu son texte de 1821, *Mémoire sur la charrue.*

La statue nancéienne de cet ingénieur et homme de plume a été érigée en 1850 et sculptée par David d'Angers. Elle se dresse sur la place Dombasle, proche de son domicile d'antan et face au collège Dombasle, devenu lycée Poincaré. Ce monument diversement accueilli est né d'une souscription publique, ouverte à l'initiative de la Société centrale d'agriculture de la Meurthe, en hommage à celui qui fut son président pendant de longues années.

Adresse Place Dombasle, 54000 Nancy | **Transports en commun** Bus 11/15, arrêt Bibliothèque | **À savoir** Autre apport de l'ingénieur : la création d'une revue professionnelle à usage des cultivateurs, les *Annales agricoles de Roville.*

80 La plaque de Victor Lemoine

Un horticulteur de génie

Victor Lemoine est immortalisé au cœur du parc Sainte-Marie. Une plaque sous son buste, sculpté par Albert Finot, indique : « Horticulteur de renommée mondiale ». Mais qui, au fond, le connaît encore ?

Fils d'une dynastie de jardiniers, Victor Lemoine a naturellement la main verte. Dès ses débuts, son travail s'est inscrit dans la lignée des recherches sur les techniques d'hybridation, apprises pendant son apprentissage chez l'horticulteur belge Louis Van Houte. En passionné « obtenteur », il fait naître de nouvelles sortes de plantes et sa renommée dépasse rapidement les frontières de l'Hexagone. Ce brillant horticulteur est, de fait, à l'origine de nombreuses variétés de lilas, de glaïeuls, de fuchsias et de chrysanthèmes. On lui doit notamment les bégonias à massif, présents dans toutes les villes de France, ou encore le lilas double, le plus vendu dans le monde. Avec plus de 5 000 variétés à son actif, dont beaucoup demeurent des références inégalées, Victor Lemoine est devenu progressivement le plus grand introducteur et sélectionneur de plantes horticoles.

En botaniste et maître incontesté, il a, au cours de sa carrière, fait une ample moisson de médailles et de distinctions, de prix et de grands prix, lors d'expositions nationales, internationales ou universelles. En 1848, il créa son premier établissement horticole et, en 1877, la Société centrale d'horticulture de Nancy avec son ami Émile Gallé. Des artistes lorrains ont illustré ses créations dans plusieurs œuvres, telles les clématites que l'on peut observer sur la verrière de Gruber au Crédit lyonnais. La tradition familiale d'horticulteurs a perduré jusqu'en 1968 avec son fils Émile et son petit-fils Henri. Les établissements Lemoine ont aujourd'hui disparu, mais l'héritage de leur fondateur est encore bien vivant dans les jardins nancéiens et chez les producteurs de l'école d'horticulture de Roville-aux-Chênes.

Adresse Parc Sainte-Marie, 1 avenue Boffrand, 54000 Nancy, tél. 03 83 36 59 04, www.jardins grand-est.com | **Transports en commun** Bus 11, arrêt Nancy-Thermal | **Horaires d'ouverture** Tous les jours de 6 h 30 à 20 h (horaires susceptibles de changer en hiver) | **À savoir** À la Maison de la Nature du parc Sainte-Marie, on peut découvrir des œuvres visuelles autour d'une photographie d'un bulbe ou d'un rhizome d'une plante de Victor Lemoine.

81 Le plus ancien jardin de Nancy

Renaissance d'un jardin d'exception

Premier jardin botanique de Nancy, créé à la demande de Stanislas en 1758, le jardin Dominique-Alexandre-Godron porte le nom du célèbre médecin-botaniste Dominique-Alexandre Godron, qui en fut le directeur dans la seconde moitié du XIXe siècle. Il eut d'ailleurs l'idée de construire pour ses recherches et pour son enseignement une serre grandiose, dont il ne reste aujourd'hui que le mur septentrional, incorporé au bâtiment de l'ancien institut agricole rue Sainte-Catherine. Grâce à ses recherches sur la flore régionale, Godron a donné naissance à un herbier conséquent conservé au Jardin botanique de Nancy. Il était également l'auteur de deux ouvrages de référence : *Flore de Lorraine,* édité deux fois de son vivant puis réédité et complété après sa disparition, et *Flore de France,* fruit d'un travail d'une dizaine d'années en collaboration avec son collègue Charles Granier.

À l'époque, ce jardin à la française, à la trame très architecturée entourée d'une bordure de buis, était installé en parallèle du Collège royal de médecine, déplacé depuis à Vandœuvre-lès-Nancy. Les étudiants y cultivaient et étudiaient des plantes de toutes origines pouvant être utilisées pour soigner différentes maladies. Si ce jardin historique a perdu sa vocation botanique en 1993, date à laquelle les collections ont été déplacées vers un autre site plus vaste de l'agglomération, l'actuel jardin botanique Jean-Marie-Pelt, il a gardé une visée pédagogique, fidèle aux volontés de Dominique-Alexandre Godron. Ainsi, le jardin a l'ambition de montrer au public des collections horticoles de plantes étiquetées, destinées à l'ornement floral des jardins. Parmi les 61 arbres que compte le domaine, admirez un oranger des Osages, un hêtre tortillard, un arbre aux quarante écus (dont les feuilles ont inspiré certains des artistes de l'École de Nancy), un tulipier de Virginie ou encore un grand noyer d'Amérique.

Adresse Jardin Dominique-Alexandre-Godron, 36 rue Sainte-Catherine, 54000 Nancy | Transports en commun Tram 1, arrêt Division-de-Fer | Horaires d'ouverture Tous les jours de 8 h à 17 h | À savoir Depuis 2010, ce jardin est labellisé Jardin remarquable pour la composition, l'intégration paysagère, la présence d'éléments remarquables et l'intérêt botanique du site.

82 Le port de plaisance

Un air de Honfleur

Les Nancéiens ne pensent pas forcément à y faire un tour, pourtant le port de plaisance Nancy-Saint-Georges séduit à coup sûr – et pas seulement les matelots. Avec ses 40 anneaux mis à disposition, il accueille 1 000 à 1 500 bateaux de 28 nationalités différentes et de tous horizons. La situation du port, véritable carrefour fluvial entre la Moselle, le canal des Vosges et le canal de la Marne au Rhin, lui permet de voir transiter non seulement des plaisanciers de toute l'Europe, mais aussi de desservir les grands axes fluviaux comme la Seine et la Moselle, et d'atteindre les Pays-Bas, les pays Scandinaves ou encore la Méditerranée.

Peu de personnes prennent pourtant le temps de s'y arrêter, à l'exception des adeptes du tourisme fluvial. Certains bateaux tentent la boucle de 70 kilomètres : de Champigneulles à Toul en passant par Frouard, Pompey et Liverdun, ils doivent franchir 18 écluses sur un parcours tranquille et verdoyant. Le port de plaisance Saint-Georges est aussi un bien charmant lieu de flânerie pédestre qui rappelle le Nancy fluvial d'antan : celui du commerce de marchandises. Il était alors bordé de docks et de péniches et permettait un transport des marchandises plus efficace que les routes difficiles et le chemin de fer naissant. Le canal de la Marne au Rhin était avant tout un allié économique pour le développement des villes qu'il traversait, notamment Nancy, devenue au fil du temps un carrefour de voies d'eau reliant d'importantes villes lorraines et possédant deux biefs de partage, l'un entre les bassins de la Marne et de la Moselle, l'autre entre ceux de la Meurthe, de la Sarre et du Rhin.

Cela fait un peu plus d'une trentaine d'années à présent que le port Nancy-Saint-Georges se consacre pleinement à l'accueil de plaisanciers qui font halte à Nancy. Tourné vers l'avenir, son engagement environnemental lui a valu d'être labellisé Pavillon bleu en 2005. Alors, larguez les amarres sans plus attendre !

Adresse Boulevard du 21e-Régiment-d'Aviation, 54000 Nancy | Transports en commun Tram 1, arrêt Division-de-Fer | À savoir Le canal de la Marne au Rhin fut construit entre 1838 et 1853. Long de 289 kilomètres, il relie Nancy à Strasbourg en traversant toute la région.

83 Le portail du parc Olry

Le lieu de repos des grands hommes

Émile Friant est l'un des plus grands artistes-peintres nancéiens, connu pour ses tableaux de grandes dimensions *La Toussaint* et *Les Amoureux*, au réalisme saisissant. Ce que l'on sait moins, c'est que grâce à son intervention, le parc Olry fut doté d'un portail monumental placé à son entrée. Plutôt qu'un portail, il s'agit en réalité d'une porte dessinée par l'architecte Germain Boffrand – autre artiste dont l'œuvre imprègne aussi la ville de Nancy – qui se trouvait à l'entrée de l'hôtel de Mahuet et qui était vouée à la destruction. En 1932, on plaça une grille de part et d'autre du portail sur un muret en pierre calcaire d'Euville, qui servit aussi de matériau de construction pour la place Stanislas.

Dans ce parc paisible se retrouvent les fantômes de grands hommes : Émile Friant et Germain Boffrand, donc, mais aussi le mécène qui a offert cet espace vert à la ville en 1913 : Achille Olry. Passionné par la flore, il a fait planter les arbres séculaires qui agrémentent cet espace vert : un séquoia géant, un acajou de Chine, un pin noir de Corse, un noisetier de Byzance, un pin de Grèce… tant d'essences qui nous font voyager d'un continent à l'autre. Le long du parc, les serres municipales assurent la production annuelle de 375 000 plantes fleuries destinées à la décoration des massifs de la ville.

D'une superficie de 2 hectares, ce petit parc fait face à la maternité régionale de Nancy et se trouve à l'emplacement de l'ancienne léproserie de la Madeleine, fondée en 1220 et qui appartenait aux Dames Pècheresses de Nancy. Un lieu chargé d'histoire destiné à la méditation, avec son petit kiosque à musique si charmant. Et quand on sait que trône au fond de la roseraie le buste en bronze d'Ambroise Auguste Liébeault, créateur de l'école d'hypnologie et du magnétisme animal (une discipline que l'on connaît aujourd'hui sous le nom de mesmérisme), on se dit que cet endroit est vraiment un lieu de repos parfait pour les grands hommes.

Adresse 83 avenue de Strasbourg, 54000 Nancy | Transports en commun Bus 21, arrêt Hôpital-Central – Maternité | Horaires d'ouverture Tous les jours de 8 h à 21 h (jusqu'à 17 h en hiver) | À savoir On remarquera, à la clé d'arc du portail, la tête féminine couronnée, typique de l'art du XVIIIe siècle.

84 La porte Saint-Georges

Sauvée par Victor Hugo

Georges de Lydda, dit saint Georges, est le protecteur de la ville de Nancy. Sur son piédestal, sa statue équestre le représente foudroyant un dragon de sa lance. Sculpture du Nancéien Florent Drouin, elle attire le regard, incarnant l'idéal chevaleresque sur l'une des huit portes de la ville.

Érigée à l'est de la Ville Neuve au début du XVIIe siècle, la porte Saint-Georges délimitait avec la porte Saint-Jean un large axe de communication est-ouest. Elle est d'un style résolument Renaissance, d'ordre toscan, et flanquée de deux sphinx ailés et de deux hommes barbus, dont les corps prennent la forme d'une feuille d'acanthe, autour de l'attique – la partie supérieure qui vient couronner une construction. On devine, au centre de l'édifice, les armes de Lorraine qui furent martelées en 1792, lors de la Révolution française. De même que l'arc Héré (voir chap. 4), la porte Saint-Georges présente des allégories sculptées de la guerre et de la paix.

À la fin du XIXe siècle, lors de la construction du tramway de Nancy – d'abord hippomobile, c'est-à-dire tiré par des chevaux –, elle fut menacée de démolition. La toute première ligne vit le jour en 1873 et cinq années plus tard, on esquissa une seconde ligne qui devait passer par la porte Saint-Georges, seul passage existant entre le centre-ville et la « banlieue » de Nancy. L'édifice fut finalement préservé grâce à un comité de sauvegarde du patrimoine, créé par Émile Gallé, verrier de l'école de Nancy, qui reçut l'appui de Victor Hugo, lié à la ville par ses origines familiales. Le poète écrivit : « La porte Saint-Georges est à coup sûr un des plus charmants édifices de la Renaissance. Toutes les villes de France seraient fières d'un pareil monument. Il est impossible que la noble Nancy songe à s'en priver [...] Je demande la conservation de cet admirable monument. » L'année suivante, en 1879, la porte Saint-Georges fut classée monument historique, et la nouvelle voie de tramway percée au nord de l'édifice.

Adresse Porte Saint-Georges, 54000 Nancy | Transports en commun Tram 1, arrêt Cathédrale | À savoir L'une des particularités de cette porte est le petit tunnel par lequel les piétons sont amenés à passer pour sortir de l'autre côté.

85 La porterie du palais ducal

Antoine sur son cheval blanc

Qu'il est fier sur son destrier, Antoine de Lorraine. Effigie de la porterie du palais ducal, sa statue équestre est abritée dans une niche en arc surbaissé, mélange de gothique et de Renaissance.

Le fils de René II fut élevé à la cour de France, où il côtoya le futur François Ier. Âgé d'une vingtaine d'années, le duc Antoine, figuré sur son cheval cabré, brandit son épée. Cette représentation chevaleresque peut évoquer saint Georges terrassant le dragon. On a lu aussi que cette porterie décorée en l'honneur d'Antoine serait une réplique de celle du château de Blois, mais les avis des historiens divergent encore sur ce point.

C'est à Mansuy Gauvain que l'on doit cette statue riche en symboles, réalisée en 1512. Sur ses vêtements, le duc porte les armes simples de Lorraine et la housse de sa monture est couverte des croix de Lorraine et de Jérusalem. Le bras armé d'une épée sortant des nuées est un motif iconographique utilisé par la famille de Lorraine depuis le XVe siècle. Les bords de la housse sont imprimés de la devise d'Antoine « J'espère avoir », appel à la fécondité de son épouse Renée de Bourbon. Le massif végétal qui soutient la statue équestre est orné d'un chardon, le symbole de la ville de Nancy.

L'effigie du duc que l'on voit aujourd'hui n'est pas l'originale. La statue équestre fut démolie pendant la Révolution française, conformément à la loi du 14 août 1792 autorisant la destruction des symboles de l'Ancien Régime, et les armoiries qui embellissaient la porterie furent brisées. L'actuelle statue date de 1851 : il s'agit d'une reproduction à l'identique par Giorné Viard, sculpteur nancéien dont ce fut la première grande commande.

Sur la niche supérieure, les armes de Lorraine laissent entrevoir le heaume, l'aigle aux ailes déployées portant la croix de Lorraine, et encore au-dessus, deux têtes de guerriers dont on a longtemps pensé qu'elles étaient les portraits des ducs Antoine et René II.

Adresse 64 Grande Rue, 54000 Nancy | Transports en commun Bus Citadine 1, arrêt Porte-de-la-Craffe | À savoir La porterie Saint-Antoine recèle de nombreux autres secrets. Il faut prendre le temps de les étudier.

86 Le pyramidion

En souvenir d'un président

Assassiné par un anarchiste italien du nom de Sante Geronimo Caserio alors qu'il inaugurait une exposition à Lyon en 1894, le président de la République Sadi Carnot est honoré à Nancy par un médaillon le représentant en buste et de profil sur l'obélisque dressé au beau milieu d'une vaste place qui porte son nom. Le médaillon est soutenu par des représentations allégoriques de la Force et de la Paix, au-dessus de l'inscription en majuscules : « Au président Carnot la Lorraine ».

Située au nord-ouest du centre-ville, la place Carnot précède le cours Léopold, conçu à la fin du XVIIIe siècle au-delà des remparts de la Ville Vieille, et se déroule en une longue esplanade de 630 mètres jusqu'à la porte Désilles. Haut d'un peu plus de 20 mètres, son emblématique obélisque en granit des Vosges repose sur une assise à degrés et a été inauguré en 1896. De prime abord monument monolithique, il est en réalité divisé en trois parties, comme on peut le constater en s'approchant : le piédestal, le fût et le pyramidion, petite pyramide au sommet de la colonne. Pourquoi ce pyramidion ? C'est un emblème exprimant le jaillissement. Appelé aussi *benben* en égyptien ancien, cet élément architectural évoque le culte funéraire de cette terre millénaire.

Outre la mort brutale de Sadi Carnot, l'obélisque commémore sa rencontre avec le grand-duc Constantin de Russie en juin 1892, à Nancy. Depuis sa défaite en 1870 et la perte de l'Alsace-Lorraine, la France subissait jusqu'alors une politique d'isolement diplomatique orchestrée par le chancelier allemand Otto von Bismarck. Les deux femmes qui se donnent la main, la Force et son rameau de chêne, la Paix et sa branche d'olivier symbolisaient l'alliance franco-russe. La construction de ce monument pour la paix des peuples fut confiée à l'architecte Charles-Désiré Bourgon avec des bronzes et des sculptures ornementales de Victor Prouvé.

Adresse Allée de l'Obélisque, 54000 Nancy | Transports en commun Bus 12/13/16/62, arrêt Place-Carnot | À savoir L'axe place Carnot — cours Léopold est surnommé « les Champs-Élysées de Nancy » par certains riverains, car l'ensemble, d'une surface de 7,6 hectares, forme l'une des plus grandes places de France.

87 Les rives de la Meurthe

Un air d'été

C'est le cœur léger qu'on longe les rives de la Meurthe, qui prend sa source dans les Vosges et donne en partie son nom au département. Traversées par deux bras d'eau et riches des souvenirs d'un passé industriel faste, les rives de la Meurthe vivent une transformation profonde depuis les années 90. Elles sont tantôt nommées Stanislas-Meurthe, tantôt Les Deux Rives. Quoi qu'il en soit, c'est un lieu de renaissance urbaine à découvrir à pied ou à vélo pour une balade au bord de l'eau. Côté Est, les rives sont bordées par les communes de Malzéville, Saint-Max, Tomblaine et Art-sur-Meurthe et côté ouest, par la grande agglomération de Nancy.

Canalisée pour franchir la ville, la Meurthe offre un parcours de 13 kilomètres au départ du barrage de Nancy. L'idéal est de parcourir les 6 kilomètres jusqu'à la passerelle située au lieu-dit Entre-deux-Eaux, traverser la rivière et revenir vers Nancy par le bras vert de la Meurthe pour achever cette balade au plan d'eau de la Méchelle, un vaste espace naturel de près de 17 hectares de verdure qui descend très doucement vers les eaux et qui dispose d'un centre nautique. Véritable « poumon vert » de l'agglomération nancéienne, c'est un bel endroit pour flâner au soleil et pour profiter d'une belle après-midi en famille ou entre amis.

Les sentiers disséminés le long du bras vert de la Meurthe font passer les promeneurs dans un environnement charmant, alternativement sur les territoires de Nancy et de Saint-Max. Au gré de l'eau, certaines promenades, comme celle qui démarre de la passerelle piétonne du pont de la Concorde et surplombe le site de la Méchelle, offrent une vue sur la cité, le pôle aquatique et sur le quartier né d'anciens bâtiments industriels réhabilités. À quoi ressemble la plage des Deux-Rives côté Marcel-Picot ? Et l'île du Foulon côté Tomblaine ? Il ne faut pas manquer cette occasion de voir la ville sous un angle nouveau.

Adresse Rives de la Meurthe | Transports en commun Tram 1, arrêt Cristalleries | À savoir L'association Rives de Meurthe a imaginé trois itinéraires thématiques à parcourir à pied ou à vélo : le parcours Patrimoine industriel (5 kilomètres, environ 1 h 30), le parcours Nature en ville (6,8 kilomètres, environ 1 h 45) et le parcours Contemporain (3,5 kilomètres, environ 1 h).

88 Le rond-point Lepois

Il donne sur une impasse

Essentiels pour une circulation fluide dans les villes souvent bondées, les ronds-points sont souvent construits en format XXL et agrémentés d'arbres ou de statues. Mais le rond-point Lepois, installé à quelques encablures du quartier de la gare, est plutôt inhabituel : il a été construit comme une impasse et ne dessert que deux voies, la rue Lepois et le passage Sébastien-Bottin, qui permet aux piétons de rejoindre la rue de Serre et le centre-ville.

Administrateur et statisticien, Sébastien Bottin doit sa renommée à un annuaire de commerce et d'industrie. Jusqu'en 2019, année de sa disparition, ne parlait-on d'ailleurs pas du bottin quand il s'agissait de trouver les coordonnées d'un particulier ? Le nom de Charles Le Pois (contracté depuis en Lepois) est celui d'un célèbre médecin nancéien du XVIe siècle ayant publié un cours de médecine en 1618. Issu d'une famille de praticiens, il fut le premier professeur et doyen de la faculté de médecine de l'université lorraine, dont le rayonnement lui valut à l'époque une grande notoriété en Europe.

Ce qui est devenu le rond-point Lepois servait à l'origine d'accès à l'emplacement d'une ancienne propriété privée, dite Beaupré, du nom de son propriétaire. Cet archéologue possédait un terrain de 4 000 mètres carrés invendable, car en forme d'impasse, sur lequel il a fait construire plusieurs bâtiments. À la fin du XIXe siècle, l'architecte Émile Jacquemin imagina un rond-point au beau milieu de ce terrain entouré d'une douzaine de lots à vendre, de 200 à 400 mètres carrés. Si l'idée du rond-point fut retenue, la candidature de l'architecte pour la construction des hôtels particuliers et des maisons de maître qui l'encadraient se vit rejetée. La plupart des petits immeubles qui se font face sont l'œuvre de Charles-Désiré Bourgon. Leur architecture ajoute au charme suranné de cette impasse inattendue. D'abord appelé « rond-point Beaupré », il fut rebaptisé « rond-point Lepois » en 1876, et classé en 1902.

Adresse Rond-point Lepois, 54000 Nancy | **Transports en commun** Tram 1, arrêt Nancy-Gare | **À savoir** Médecin de Charles III, Charles Le Pois a répertorié dans son *Selectionum observationum et consiliorum* ses observations cliniques, ainsi que celles liées aux autopsies qu'il pratiquait. Un modèle pour ses successeurs.

89 La rue Hermite

Pour la star des mathématiciens

Si Charles Hermite est inconnu pour nombre d'entre nous, c'est une personnalité importante pour les mathématiciens puisque la science et l'enseignement lui doivent beaucoup. Professeur honoraire à la faculté des sciences de Paris et à l'École polytechnique, grand officier de la Légion d'honneur, il a principalement travaillé sur la théorie des nombres et sur les fonctions elliptiques et abéliennes. Il est aussi le fondateur de la théorie arithmétique des formes quadratiques – un peu obscure pour le commun des mortels, mais essentielle pour ses confrères. Hermite est le premier à avoir démontré la transcendance d'une constante fondamentale de l'analyse. Parmi tous les mathématiciens, peu sont ceux qui ont ainsi exercé une influence aussi importante. En son honneur, plusieurs entités mathématiques sont qualifiées d'hermitiennes.

Charles Hermite avait une vision platonicienne des mathématiques, qui affirme l'existence des objets mathématiques. Ainsi, note-t-il dans ses papiers : « Il existe, si je ne me trompe, tout un monde qui est l'ensemble des vérités mathématiques, dans lequel nous n'avons accès que par l'intelligence, comme existe le monde des réalités physiques, l'un et l'autre, indépendants de nous, tous deux de création divine, qui ne semblent distincts qu'à cause de la faiblesse de notre esprit. »

C'est en 1900 que la mairie décida de renommer la rue de l'Hospice, proche des facultés de l'université, pour rendre hommage au travail de cet homme. Cette rue tenait jusqu'alors son nom de l'hospice Saint-Fiacre, et ce depuis le XVIIIe siècle. Fondé grâce au don du chanoine Francois-Rémy de Ravinel, cet hospice était destiné au soulagement des malades et abritait une école gratuite pour les filles de la paroisse, qui se voyaient confiées à une sœur de la congrégation. L'école fut détruite à la Révolution française, et l'hospice disparut quant à lui en 1893.

Adresse Rue Hermite, 54000 Nancy | **Transports en commun** Bus Citadine 1, arrêt Manufacture | **À savoir** À la suite des travaux de Charles Hermite, le mathématicien Ferdinand Lindemann donna enfin la réponse au problème de la quadrature du cercle, sur lequel les chercheurs se cassaient la tête depuis plus de trois millénaires : il est tout simplement insoluble !

90 Le secret de la porte de la Citadelle

Quand le 1er avril permet une évasion

Bâtie à la même époque que la porte de la Craffe, la porte de la Citadelle affiche le style fleuri de la Renaissance. Appartenant aux fortifications du XVIe siècle, elle possède des bas-reliefs hélas abîmés, mais elle est dotée d'un fronton triangulaire entouré de trophées militaires et d'un entablement à niches, que l'on doit à Florent Drouin. Deux allégories de l'Équité et de la Tempérance la décorent. À l'origine, elle était appelée « porte Notre-Dame » en hommage à la Vierge qui occupait, tout en haut, une niche ornée de deux pilastres d'ordre ionique, et ce jusqu'à la Révolution française.

La porte de la Citadelle fut édifiée entre les bastions « le Duc » et « le Marquis » – appelés ainsi en hommage au duc Charles III et à son fils le marquis de Pont, futur Henri II. Une niche abrite une réplique de la statue de Charles III tenant dans les mains la charte de fondation de l'université de Pont-à-Mousson, dont l'original a été réalisé par Giorné Viard en 1863.

C'est à cette porte que faillirent être reconnus, le 1er avril 1634, le duc Nicolas-François de Lorraine et son épouse Claude-Françoise, qui fuyaient Nancy occupée par les Français pour rejoindre la Franche-Comté, alors espagnole. Déguisée en paysanne, mais peu habituée à ce genre de tenue, la princesse aurait glissé sous la hotte de vigneron qu'elle portait, manqua tomber et aurait été retenue de justesse par son époux. L'incident attira l'attention d'une femme passant par là, qui crut reconnaître la princesse lorraine. Elle fit part de ses soupçons à un soldat français de faction devant la porte ; par chance, ce dernier crut à un poisson d'avril. Il ne porta aucune attention à ce qu'il venait d'entendre, considérant la chose comme une plaisanterie de mauvais goût, et les souverains purent s'enfuir. On dit aussi que, dans sa précipitation, la duchesse Claude aurait perdu une jarretière, ramassée par un bourgeois de Nancy.

Adresse 2ter rue de la Citadelle, 54000 Nancy | Transports en commun Bus 16, arrêt Citadelle | À savoir L'année 1634 fut une année charnière pour les Lorrains puisque le duc Charles IV abdiqua en faveur de son frère Nicolas-François, alors cardinal de Lorraine et évêque de Toul. Ce dernier ne fut cependant pas reconnu comme héritier légitime par les Français qui occupaient la ville.

91 Le siège de l'université de Lorraine

Une villa de carte postale

Albert Bergeret fut un célèbre imprimeur de cartes postales du début du XXe siècle. En 1898, convaincu du succès futur de ce nouveau moyen de communication, il s'installa à son compte et se lança dans la production de cartes dotées de vues de la ville de Nancy. C'est fin 1901 qu'il commercialisa, sous son nom, les « cartes de fantaisie ». Son atelier comptait alors douze ouvriers et était installé rue de la Pépinière.

Ce pari sur l'avenir fut payant : après plusieurs agrandissements dus à l'augmentation de la demande, Albert Bergeret installa en mars 1902 sa centaine d'ouvriers dans les bâtiments de la rue Lionnois. Deux ans plus tard, il se fit construire une maison tout à côté par le même architecte, Lucien Weissenburger. Contrairement à bon nombre de bâtiments nancéiens de style Art nouveau qui expriment cette tendance artistique uniquement sur leur façade, la maison Bergeret est entièrement décorée et meublée dans ce style — elle est certainement l'une des plus belles réalisations Art nouveau de Nancy. La qualité de la réalisation, de la conception et l'homogénéité de l'ensemble donne à cette demeure un charme particulier. Albert Bergeret avait réuni les talents de l'époque : les ferronneries du portail, aujourd'hui disparues, avaient été réalisées par Louis Majorelle pour l'intérieur et par Eugène Soutif pour l'extérieur. L'ébéniste Eugène Vallin a œuvré sur la cheminée du cabinet de travail, le plafond et la cheminée de la salle à manger. Les cinq verrières et les vitraux du hall sont de la main de Jacques Gruber. Quant à Joseph Janin, il a réalisé trois ensembles de verrières insérés dans les boiseries et la véranda : au rez-de-chaussée, au premier et au deuxième étage. Enfin, le peintre Victor Prouvé a réalisé l'immense toile peinte au plafond du hall, faisant de cette demeure un exemple d'art total. Aujourd'hui, l'hôtel abrite le siège de l'université de Lorraine.

Adresse 24 rue Lionnois, 54000 Nancy, tél. 03 83 85 48 00 | Transports en commun Bus 21, arrêt Hôpital-Central-Maternité | Horaires d'ouverture Ne se visite pas, sauf pendant les Journées du patrimoine | À savoir Albert Bergeret a découvert la carte postale illustrée lors d'un voyage en Allemagne en 1892. Avant de lancer son affaire, il travaillait à l'imprimerie Royer, dont la façade existe toujours rue de la Salpêtrière.

92 Le silo Vilgrain

Meunier, es-tu là ?

Le silo des minoteries Vilgrain dresse sa longue et haute silhouette dans le ciel nancéien. Gardien de la mémoire meunière de la Cité ducale, il est aussi l'un des derniers témoins du passé industriel prospère du quartier Rives de Meurthe.

Jean-Baptiste et Louis-Antoine Vilgrain furent des figures incontournables de la meunerie dans l'est de la France, créateurs de la marque Gruau de Lorraine Plomb d'or. Cette famille racheta en 1884 une minoterie existante – à l'emplacement d'un moulin attesté dès le XIIe siècle – sur le bras vert de la Meurthe pour en faire un complexe à échelle industrielle. Une nouvelle minoterie fut construite sur les plans de Pierre Le Bourgeois entre 1913 et 1917 – date à laquelle elle fut dotée de l'électricité. Ces équipements furent très endommagés au cours de la Grande Guerre, puis restaurés, et les silos agrandis pour améliorer le rendement de l'usine. Incendiés par les Allemands en 1944, les Grands Moulins Vilgrain furent reconstruits dès 1946 par les frères André, qui érigèrent un nouvel atelier de fabrication.

Alors que les industries désertaient peu à peu le quartier dans les années 60, les rives du canal de la Marne au Rhin et de la Meurthe connurent de grandes inondations et retombèrent pour partie à l'état de simples friches. L'activité minotière connut un rapide déclin, si bien que l'avenir de ce site était incertain : la réaffectation des bâtiments soulevait de multiples interrogations auprès des défenseurs du patrimoine. En 1997, la démolition demandée par le nouveau propriétaire suscita la polémique. En 2001, les architectes Alain Cartignies et Marie-José Canonica les reconvertirent en logements. La façade principale, la plus ouverte et élancée, est encore surmontée de nos jours par un fronton courbe orné d'une céramique à l'effigie des minoteries. D'aspect sculptural et massif, l'ensemble accueille quatre logements. En 2015, l'édifice s'est vu attribuer le label Patrimoine du XXe siècle par le ministère de la Culture.

Adresse 32 rue Sébastien-Leclerc, 54000 Nancy | Transports en commun Bus 13, arrêt Saint-Georges. En se promenant de l'autre côté des rives de la Meurthe, on a aussi un bel aperçu de l'ensemble | À savoir Le plan d'urbanisme du quartier des Rives de Meurthe fut confié en 1980 à Rémy Butler et Alexandre Chemetoff.

93_Sous la colline du Haut-du-Lièvre

Un parfum de sainteté

Autrefois, des lapins gambadaient sur la colline du Haut-du-Lièvre. S'ils ont déserté les lieux, il reste encore, en contrebas du plateau de Haye, la Croix-Gagnée, une croix de pierre colorée. Gagnée serait une déformation de « Gaignée », le surnom d'un certain Didier Fossier, forgeron réputé, qui fabriquait des canons, des armes et des gaines pour épée. Elle fut érigée en 1525, en l'honneur de la victoire du duc Antoine de Lorraine, héraut du catholicisme, qui écrasa une armée de paysans alsaciens protestants lors de la bataille de Saverne. Quant à la rue Augustin-Hacquard toute proche, elle porte le nom du missionnaire et explorateur français Augustin Hacquard, premier évêque de Tombouctou, qui se noya dans le fleuve Niger.

Par la suite, le site de la Croix-Gagnée est devenu lieu de pèlerinage grâce au cardinal de Lorraine venu y prier, comme en atteste un ex-voto. Restaurée une première fois en 1898, elle est l'étape d'une promenade dans le hameau de Boudonville. Nichée dans le quartier du Haut-du-Lièvre, la Croix-Gagnée est aussi renommée que les deux barres de logements de 400 mètres chacune, construites sur la colline. Considérées comme les plus grandes « barres » d'Europe, elles sont aussi les plus longues de France. Ainsi, au début des années 60, 2 000 logements furent construits par l'architecte Bernard Zehrfuss ; les 15 étages du « Cèdre bleu » et les 17 du « Tilleul argenté » sont devenus une partie intégrante du patrimoine. Leur construction, leur morphologie et leur évolution témoignent des grands changements sociaux, économiques et urbanistiques du XXe siècle à Nancy.

Vivant et multiculturel, le Haut-du-Lièvre témoigne de la mixité sociale née des vagues successives d'immigration. Afin de relier ce quartier progressivement déserté au centre-ville, un programme de réhabilitation a été mené entre 1981 et 1988 par l'architecte Alain Sarfati.

Adresse Intersection de la rue de la Croix-Gagnée et de la rue Augustin-Hacquard, 54100 Nancy | Transports en commun Bus T2, arrêt Campus-Lettres puis 11 minutes à pied (les côtes sont rudes !) | À savoir Grâce aux habitants du quartier, la Croix-Gagnée a été restaurée et a récemment retrouvé son lustre d'antan.

94 Le Souvenir

Quand l'Alsace et la Lorraine n'étaient plus françaises

On passerait à côté sans la remarquer, car on la voit à peine. Pourtant, cette sculpture en bronze, réalisée par le sculpteur français Paul Dubois, est des plus émouvantes. Située place André-Maginot à Nancy, elle représente deux femmes assises sur un rocher, portant les costumes et les coiffes traditionnels des régions qu'elles personnifient, l'Alsace et la Lorraine.

La statue commémore l'annexion de l'Alsace-Lorraine par l'Allemagne après la guerre de 1870, entérinée par la signature du traité de Francfort. La perte de ces deux territoires fut un coup dur pour la nation française. L'allégorie de l'Alsace porte son regard au loin, se tient droite et console la Lorraine penchée sur elle, la tête appuyée sur son épaule. De cette statue qui capture un geste juste et simple se dégage une immense tendresse. Dans le *Journal des débats,* André Michel décrit « leur morne regard qui interroge l'horizon. Puissent-elles y voir les Français unis dans une pensée commune de justice et d'espérance, et fermer l'oreille aux cris insensés de haine, de proscription et de discorde que le vent d'Ouest leur apporte ! »

La maquette en cire du *Souvenir* fut présentée par Paul Dubois au Salon des artistes en 1899. Le sculpteur, décédé en 1905, avait exprimé son souhait de voir son œuvre placée dans l'une des villes limitrophes de l'Est. Sa veuve en a fait don à la ville de Nancy qui était alors située à proximité de la frontière franco-allemande. Madame Dubois a suggéré que la sculpture trouve sa place non loin du buste de Grandville, auteur de dessins fantastiques et caricaturiste, au parc de la Pépinière. Il en fut toutefois autrement : son emplacement actuel est à proximité de la gare de Nancy. En septembre 1910, quand la sculpture fut érigée sur la place qu'elle occupe encore, il n'y eut aucune cérémonie d'inauguration, sans doute parce que ces deux femmes étaient vues comme une rémanence des défaites et des humiliations passées. Des étudiants vinrent toutefois en cortège et prononcèrent des discours.

Adresse Place André-Maginot, 54000 Nancy | Transports en commun Tram 1, arrêt Maginot | À savoir *Le Souvenir* est situé juste en face de l'ancienne église Saint-Joseph, devenue un temple protestant sous le Concordat.

95 Le square Jules-Dorget

Promenons-nous dans le jardin !

Créé en 2009 et baptisé du nom d'un jardinier-horticulteur, le square Jules-Dorget a un charme fou. Ses 3 500 mètres carrés se déploient sur l'ancien site industriel des constructions électriques de Nancy, au cœur de végétaux issus en grande partie des obtentions des horticulteurs du siècle dernier.

Ce jardin niché dans le quartier de Saurupt est un véritable lieu de mémoire arboré. Jules Dorget, membre de la société centrale d'horticulture de Nancy, a travaillé avec Émile Gallé, industriel, ébéniste, céramiste français et – on le sait moins – botaniste éclairé. Ce dernier a constitué une bibliothèque autour de la botanique et de l'horticulture, rassemblant de nombreux livres sur ces sujets et même des études sur des plantes rares ou exotiques. En pleine effervescence, le mouvement de l'École de Nancy puise dans la nature pour élaborer des motifs végétaux sur divers supports décoratifs. Les jardins inspirent aux artistes formes et mouvements traduits par d'épaisses touches de couleur posées de manière dynamique. Cette référence naturaliste s'étiole après 1910 dans le monde des arts décoratifs, mais subsiste à Nancy, ce qui fait dire à Antonin Daum, ingénieur et entrepreneur français, fondateur avec son frère Auguste de la cristallerie Daum : « C'est en esprit qu'on s'est tourné vers la nature : dans son harmonie, sa simplicité, sa grandeur. On ne lui emprunte plus forcément la documentation stricte qui avait si longtemps séduit, mais ce qu'on lui demande toujours, ce sont les inspirations qui assurent la sincérité, la clarté, le bon sens et la décence dans tous les sens du mot. »

De nos jours, au fil d'une balade dans le square, on peut apercevoir une collection de lilas, de seringats, de pivoines, de fuchsias ou de weigelias en référence à la composition du jardin d'Émile Gallé. Les passionnés de botanique admireront les scènes arbustives en lien avec le paysage urbain et les obtentions des célèbres horticulteurs lorrains Victor Lemoine, François Félix Crousse et Léon Simon.

Adresse 38 rue Jules-Dorget, 54000 Nancy, tél. 03 83 36 59 04, www.nancy.fr | Transports en commun Bus 33, arrêt Villars ; Bus 12, arrêt Villemin | Horaires d'ouverture Du lundi au dimanche de 8 h à 18 h | À savoir Annie Collet, l'une des petites-filles de Jules Dorget, a ouvert son cahier de souvenirs et imaginé un portrait de son aïeul dans le numéro de *Nancy Mag* de décembre 2009 – janvier 2010.

96_Stan

Un duc moderne

Au nom de Stanislas, on associe la célèbre place et la statue de ce roi de Pologne, beau-père de Louis XV et duc de Lorraine et de Bar. Le souverain souhaitait faire de cette vaste étendue au cœur de la ville un endroit de rassemblement, de rencontre et de divertissement. Des années plus tard, ce pari est une réussite puisque la place Stanislas a été élue monument préféré des Français en 2021. Elle est considérée, à juste titre, comme la plus belle place d'Europe.

C'est dans le cadre du 250e anniversaire de la mort de Stanislas Leszczynski, en 2016, marquant le rattachement de la Lorraine à la France, que la ville de Nancy a sollicité Jef Aérosol et la galerie Mathgoth pour réaliser une fresque de 16 mètres sur la façade est du Muséum-Aquarium. Ce ne sont pas moins de 150 pochoirs qui ont été nécessaires à l'élaboration de ce majestueux portrait. L'artiste, issu de la première vague de street art des années 80, a peint son premier pochoir à Tours en 1982, et reste l'un des chefs de file de cet art éphémère. De nombreux artistes plus jeunes se réclament aujourd'hui de son influence. Jef Aérosol crée souvent des portraits de personnalités comme Elvis Presley, Gandhi, John Lennon, Jimi Hendrix, Jean-Michel Basquiat, Amalia Rodrigues ou encore Bob Dylan… mais une grande partie de ses fresques est consacrée aux anonymes de la rue : musiciens, passants, mendiants, enfants, dont il peint les silhouettes grandeur nature en noir et blanc toujours soulignées de sa fameuse et mystérieuse flèche rouge, seconde signature et marque de fabrique.

Stan lui a offert l'opportunité de créer, sans cimaises nécessaires, un pont entre l'art dit classique et le street art, entre modernité et histoire. « J'ai aussi envie de désacraliser ce qu'on appelle les temples de la culture et montrer que l'art se présente partout, à toute heure. » Un *timelapse,* ou illusion du temps en accéléré, formé par le défilement rapide des images retrace la création de cette fresque géante : la vidéo est disponible sur YouTube.

Adresse Muséum-Aquarium, 34 rue Sainte-Catherine, 54000 Nancy. La fresque se trouve devant la porte | Transports en commun Tram 1, arrêt Division-de-Fer | À savoir Le portrait est agrémenté d'une citation de Stanislas : « La vérité est comme le soleil : une éclipse peut l'obscurcir, mais elle ne saurait l'éteindre. »

97 La statue de Jacques Callot

Gentilhomme de bon ton oublié

« C'était un gentilhomme de bon ton, de bonne mine, portant avec grâce une fine moustache, d'amples et de fraîches dentelles au col et au poignet, un brave pourpoint bien taillé, et aussi prompt et habile à se servir de la pointe de son épée que de la pointe de son burin. » Voici comment était décrit en 1833 le célèbre graveur Jacques Callot, pourtant aujourd'hui tombé dans l'oubli… Une statue sculptée par Eugène Laurent le représente place de Vaudémont, et l'on peut admirer la façade de sa maison natale, classée monument historique, à l'angle de la Grande Rue.

Ce témoin de la misère de son époque et des malheurs de la guerre de Trente Ans est né à Nancy en 1592. De condition noble, il passa sa vie dans les palais des princes, mais surtout, il parvint à perfectionner de façon remarquable la gravure à l'eau-forte, un procédé de gravure en taille-douce sur une plaque de métal à l'aide d'un acide. Le motif est dessiné à la pointe métallique sur une plaque préalablement recouverte d'un vernis à graver. Celle-ci est ensuite plongée dans l'acide, qui « mord » les zones à découvert et laisse intactes les parties protégées. Une fois nettoyée du vernis, la plaque est encrée et mise sous presse.

Le crayon ingénieux de l'aquafortiste Jacques Callot a créé « les diables les plus laids, les plus poétiques, les plus divertissants de l'enfer ; les masques les plus fous, les plus grotesques, les plus ridicules du carnaval de Rome ; les mendiants les plus déguenillés, les plus piteux, les plus fainéants et les plus rusés d'Espagne, de Navarre et de France ». Callot a déployé une incroyable originalité pour ses fantaisies, caprices, diableries, mascarades, danses, gueuseries… La sagesse de son dessin et la pureté de son exécution furent louées. Il réalisa les portraits de Gaston de France et de Louis XIII, ainsi que les représentations de plusieurs batailles, dont les sièges de Breda, de La Rochelle et de l'île de Ré.

Adresse Place de Vaudémont, 54000 Nancy | Transports en commun Bus 12/13, arrêt Amerval | À savoir La délicatesse admirable du trait de Jacques Callot se reflète dans l'estampe *L'Impruneta*, qui constitue un précieux témoignage de la société rurale en Toscane au début du XVIIe siècle. Elle peut être admirée au Musée lorrain de Nancy.

98 La synagogue

Bâtiment venu du ciel

« Tu aimeras ton prochain comme toi-même », lit-on sur le fronton de la synagogue de Nancy, la deuxième plus vieille de France encore utilisée. Cette citation du Lévitique orne la façade de cet édifice construit en 1788 par l'architecte Augustin-Charles Piroux pour accueillir la communauté juive nancéienne.

La façade de ce lieu de culte, œuvre d'Alfred Thomas, architecte des hospices civils de la ville de Nancy, date de 1935. Elle comporte un avant-corps flanqué de deux parties adjacentes ; son perron en pierre dure précède un portique sur lequel s'ouvrent les portes d'entrée du Temple ; sa baie est décorée de vitraux artistiques et sa rosace est entourée d'une frise sculptée, ornée de l'inscription citée plus haut. Du fait de l'extension urbaine, la synagogue se retrouve en plein centre-ville, alors qu'elle fut bâtie sur une zone marécageuse, à l'écart des lieux de passage.

On y accédait par une porte dérobée. On sait d'ailleurs que le temple israélite de Nancy, vaste et élégant, était pour ainsi dire caché aux profanes et se trouvait relégué au fond d'une cour sans aucune vue sur l'extérieur. C'est le percement d'une nouvelle voie, le boulevard Joffre, qui a permis sa mise au jour et la construction d'une façade monumentale plus grande que le bâtiment afin de montrer son importance.

Officiellement fondée en 1754, la communauté juive nancéienne a connu un développement accéléré en 1871 avec l'arrivée d'Alsaciens et de Mosellans fuyant les départements annexés par l'Allemagne. Au-delà de sa fonction quasi utilitaire, la synagogue renvoie à la conception de l'identité et de l'histoire des Juifs. L'architecture des édifices monumentaux du XXe siècle est marquée par leur condition, leur rapport au culte et l'adaptation des comportements au contexte historique et social. La synagogue de Nancy a été inscrite aux monuments historiques par un arrêté du 11 juillet 1984.

Adresse 19 boulevard Joffre, 54000 Nancy, tél. 03 83 32 10 67 | Transports en commun Tram 1, arrêt Nancy-Gare | Horaires d'ouverture Tous les jours. Se renseigner auprès de l'office de tourisme de Nancy | À savoir La légende dit qu'après la destruction du Temple de Jérusalem, « des êtres célestes descendirent du ciel, prirent sur leurs ailes les pierres de l'édifice et les éparpillèrent dans le monde entier. Partout où tombait une pierre, une synagogue s'élevait ».

99_Le Taureau rouge

Le cornu de Gé. Pellini

Il se trouve à la porte de l'écoquartier Nancy Grand Cœur. Entièrement réalisé en bronze rouge par le sculpteur Gé. Pellini dans une fonderie de Rambervillers, ce taureau pèse 900 kilogrammes, mesure 3 mètres de long, 1,60 mètre de large et 2,10 mètres de haut. Une bête à cornes qui impressionne par sa monumentalité.

Artiste nancéien, Gé. Pellini – de son prénom Gérard – s'est constitué un véritable bestiaire de bêtes à cornes : son animal de prédilection est le rhinocéros, mais Nancy a hérité d'un taureau. Son style : créer des mastodontes en jouant avec les matières. Marbre, résine, aluminium, bronze… ils se plient tous aux formes qu'il modèle. « Beaucoup de sculpteurs choisissent leur matière, se posent devant le bloc et commencent à tailler. Pour ma part, je commence toujours par des petits dessins, des esquisses et quand je sais où je vais, je choisis le bloc de matière qui convient. » Adepte du minimalisme, voire de formes abstraites, l'artiste animalier et naturaliste aspire à ce que « la technique s'efface devant l'artistique ». Il procède donc par taille directe pour aller à l'essentiel, et ses conceptions intemporelles et pourtant très figuratives le singularisent.

Le taureau, dont se dégage une idée de puissance et de fougue irrésistible, a de tout temps été considéré comme l'agent visible de la force invisible qui meut et féconde la nature. En écho au blason de la famille Leszczynski à voir sur la façade de l'hôtel de ville, Gé. Pellini a choisi une figure ressemblant au buffle des armoiries, dites de Wienawa, qui figurent aussi sur des objets de décoration. Pour les amateurs d'héraldique, les armes du roi Stanislas se blasonnent ainsi : « de gueules émail de couleur rouge à l'aigle d'argent » pour symboliser la Pologne ; « de gueules au cavalier d'argent » pour la Lituanie ; sur l'écusson central se trouve la tête de buffle ; et enfin « de gueules à une nacelle d'or », armes dites de Łodzia, emblème de Catherine Opalinska, reine de Pologne et duchesse de Lorraine.

Adresse Place de la République, 54000 Nancy | Transports en commun Tram 1, arrêt Nancy-Gare | À savoir Gé. Pellini a son atelier au cœur de Nancy (4 rue de Nabécor, 54000 Nancy, www.pellini.free.fr).

100_La terrasse de la Pépinière

L'atout charme de la Pep'

Inscrit depuis 1947 à l'inventaire des sites pittoresques de Meurthe-et-Moselle, le parc de la Pépinière est à juste titre considéré comme le poumon vert de la Cité ducale pour ses allées ombragées, sa végétation, ses pièces d'eau et sa terrasse. On peut naturellement le traverser sans s'arrêter, mais ce serait dommage !

Lieu idéal pour faire une pause nature, la charmante terrasse du parc a une histoire étonnante. Cette promenade urbaine publique aménagée au XVIIIe siècle sur les ruines des anciens remparts de la ville et des fortifications de Nancy – les bastions de Vaudémont et des Dames – traversait la Pépinière sur tout son côté ouest. Elle s'appuyait alors sur le sommet du talus créé pour relier l'ancien chemin de ronde à la pépinière publique et aboutissait, au nord, à une construction en forme de fer à cheval appelée le « manège des Pages ». Il s'agissait d'un manège d'équitation créé entre 1770 et 1775, où se retrouvait la jeunesse de bonne famille pour apprendre cette discipline incontournable de la bonne société. Malheureusement, l'édifice fut démoli lors du percement de la rue Grandville, remplacé par un monument à la mémoire de Jean-Jacques Granville, caricaturiste, illustrateur et lithographe français. La terrasse offre une perspective sur tout le jardin et promet une balade des plus agréables. Elle s'étend sur 610 mètres de long environ, entre la grille de la fontaine d'Amphitrite, sur la place Stanislas, et la grille de la Pépinière, ouverte sur la rue Sigisbert-Adam, délimitée par de grands arbres.

Le parc de la Pépinière était autrefois une pépinière publique créée par l'État pour fournir les arbres qui bordaient les routes, les rues ou les places des villes françaises. En 1831, face à la concurrence des pépinières privées et alors que la demande d'arbres pour border les routes diminuait, le parc fut cédé à la municipalité de Nancy, qui y apporta divers aménagements dont on peut profiter aujourd'hui.

Adresse Boulevard du 26e-Régiment-d'Infanterie et rue Sisgisberg-Adam, 54000 Nancy | Transports en commun Bus 16, arrêt Parc-de-la-Pépinière | Horaires d'ouverture Du 1er novembre au 31 mars de 6 h 30 à 20 h ; du 1er avril au 31 mai de 6 h 30 à 21 h ; du 1er juin au 31 août de 6 h 30 à 22 h 30 ; du 1er septembre au 31 octobre de 6 h 30 à 21 h | À savoir Ne manquez pas l'« arbre remarquable » de la Pépinière, un imposant hêtre pourpre âgé de 130 ans. Le parc compte aujourd'hui 1 732 arbres.

101 Les têtes de loup

Mémoire d'un office

C'est l'un des plus beaux hôtels particuliers de Nancy. Situé dans le cœur historique de la ville, l'hôtel des Loups, ou hôtel Curel, a été construit par l'architecte Germain Boffrand pour Nicolas-François Hennequin, comte de Curel, maître des chasses du duc Léopold Ier de Lorraine et grand-louvetier de Lorraine, ce qui était autrefois, en France, un office public. Cet homme, réputé des plus aptes à capturer ces canidés, devait connaître comme sa poche le territoire, ses habitants et sa faune. Le grand-louvetier prêtait serment de fidélité au roi et recevait le serment de chacun des officiers de louveterie sous ses ordres. Dans le domaine héraldique, cette charge se traduisait par l'apposition de deux têtes de loup au bas de l'écu des armoiries.

En forme de « U » et de facture classique, l'hôtel des Loups présente, à l'instar des armoiries, deux têtes de loup sur le fronton triangulaire du grand portail, ainsi qu'un sanglier sur le fronton du porche, évocations de la charge du comte de Curel. L'hôtel des Loups date en grande partie de la première moitié du XVIIIe siècle, avec des ajouts du XIXe siècle. L'espace intérieur est occupé par les attributs du grand maître louvetier : hure de sanglier et trophées cynégétiques, carquois et flèches, cor de chasse, gibecière et fusil, englobés dans des entrelacs de feuilles de chêne avec glands. En 1880, le comte Alexandre Herbin fit ajouter un pavillon visible depuis la rue René-d'Anjou et modifia les intérieurs du XVIIIe siècle. Puis le bâtiment fut inscrit en 1946 et classé en 1990 au titre des monuments historiques.

L'actuelle rue des Loups servait alors de prolongement à la rue du Haut-Bourgeois et suivait le tracé de la nouvelle ligne de remparts. Elle porta les noms de « rue du Haut », « rue du Petit-Bourgeois-du-Loup », « rue Saint-Pierre », « rue de l'Arsenal », « rue Notre-Dame-du-Loup »... En 1791, elle fut rebaptisée « rue de l'Humanité » dans la foulée des mesures révolutionnaires et, depuis 1839, elle porte le nom de « rue des Loups ».

Adresse 1bis rue des Loups, 54000 Nancy, tél. 03 83 35 80 10 | Transports en commun Bus Citadine 1, arrêt Leopold | À savoir Aujourd'hui, les lieutenants de louveterie sont des conseillers techniques de l'administration et concourent à la régulation des animaux sauvages susceptibles d'occasionner des dégâts.

102 Les trois ours de Bordalo II

Les ravages de la société de consommation

Ces trois ours semblent sortir directement du mur de l'école maternelle Didion, rue Saint-Thiébaut, et sont aussi spectaculaires que militants. On les doit à Artur Bordalo, street artiste portugais de renommée internationale, qui se fait appeler Bordalo II. Cette gigantesque fresque en volume a été réalisée à partir de matériaux recyclés et d'un assemblage de détritus repeints glanés dans les rues ou dans les déchetteries. Surnommés *Trash animals*, ces magnifiques animaux multicolores dénoncent ce qui les tue.

L'ours est l'un des animaux du zoo mobile de Bordalo II, porteur d'un message militant : « Les animaux sont les personnages auxquels le public s'identifie le plus facilement quand je veux montrer les ravages de notre société sur la nature… et la rue est un bon endroit pour le faire, même si ça m'oblige à avoir un message très direct et rapide. En voyant la matière, les gens peuvent comprendre le sens de mes créations. » Mais alors, pourquoi choisir le mur d'une école ? « Je m'adresse à la nouvelle génération qui peut changer les choses et ne pas faire les mêmes erreurs que la génération précédente », a insisté l'artiste lisboète lors de la réalisation de sa sculpture en 2020. L'ours polaire s'affiche en grand comme un lanceur d'alerte sur l'état général de la planète et reflète les problématiques de changement climatique. « J'utilise mon travail pour communiquer des idées, des peurs et des prises de conscience sur les désordres climatiques auxquelles nous faisons face : réchauffement de la planète, changement climatique, extinctions massives, déforestation, pénurie d'eau, pollution… »

Ces ours interpellent les passants, rappelant à chacun son devoir envers l'environnement. Ils s'inscrivent en contrepoint de la toute-puissance de la grande distribution, tout comme les renards, hiboux, singes ou caméléons, bestiaire monumental et coloré de Bordalo II.

Adresse 19 rue Saint-Thiébaut, 54000 Nancy | Transports en commun Tram 1, arrêt Nancy-Gare | À savoir Le nom Bordalo II est un hommage de l'artiste à son grand-père, le peintre portugais Artur Real Chaves Bordalo da Silva.

103 Le trompe-l'œil de l'hôtel Ferraris

La beauté de la quadratura

Cet hôtel particulier du XVIIIe siècle doit son nom à son commanditaire originaire d'Italie : Louis de Ferraris, chambellan de l'empereur d'Autriche, grand chambellan de l'électeur de Trêves et mari d'Anne-Thérèse de Saint-Remy de Fontette, demoiselle d'honneur de la duchesse de Lorraine. De facture classique et attribué à l'architecte Germain Boffrand, le bâtiment a un corps principal aligné sur la rue et flanqué de deux ailes qui semblent d'égale longueur. C'est une plaque de cheminée, conservée au Musée lorrain, qui indique la date d'achèvement des travaux de cette bâtisse : 1722. La plaque est ornée des armoiries familiales dotées, à gauche, d'une fasce d'azur aux trois fleurs de lys d'or et, à droite, d'azur au lion d'or, couronné, langué et onglé du même.

L'hôtel Ferraris a une cour typique des hôtels de l'époque, qui se démarque pourtant par l'originalité de sa conception. Elle s'ouvre par une large arcade au rez-de-chaussée du corps de liaison, dont le couloir vient en débord de la rue du Petit-Bourgeois. La fontaine, campée sous un arc surbaissé, est veuve de deux groupes d'angelots qui encadraient autrefois la statue de Neptune appuyé à un cheval marin. La bâtisse abrite un escalier, dont la rampe fut réalisée par Jean Lamour. Dans sa ferronnerie figure l'initiale des noms des époux propriétaires, des F formés par les lys de Florence. De l'escalier semble s'entrouvrir le plafond, ouverture soulignée par un exceptionnel décor en trompe-l'œil répondant au pari architectural de Boffrand. Il est attribué au peintre Giacomo Barilli, originaire de Bologne, la ville qui a vu naître la technique de la *quadratura* – ces décors peints en trompe-l'œil imitant une perspective architecturale. La découpe du jour, faite de courbes et de contre-courbes, d'inspiration toute baroque, s'ouvre sur la perspective du plafond du deuxième étage peint d'une nuée peuplée d'oiseaux des îles et de têtes de putti.

Adresse 29 rue du Haut-Bourgeois, 54000 Nancy | Transports en commun Bus Citadine 1, arrêt Léopold | À savoir L'hôtel Ferraris abrite depuis 1976 le service en charge de l'Inventaire général du patrimoine culturel.

104 Le tronçon de la tour Eiffel

Née de la minette lorraine

La Lorraine connut un âge d'or de la sidérurgie au XIXe siècle. Lorsque Gustave Eiffel, ingénieur de renom, décida de construire sa célèbre tour en 1887, il se tourna vers son fournisseur habituel de minerai de fer, les forges lorraines de Pompey, alors dirigées par Alphonse Fould et Auguste Dupont. Cette tour devait être l'une des attractions principales de l'Exposition universelle de Paris de 1889 et, placée sous le signe du progrès et des grandes constructions de fer et d'acier, refléter le savoir-faire industriel français par sa conception audacieuse.

Au musée Féru des Sciences de Jarville-la-Malgrange, ancien musée de l'Histoire du fer, un tronçon authentique de ce monument parisien est conservé depuis 1985. Ces poutrelles de la tour Eiffel, exposées dans la cour, sont le clou de la collection du musée. Il s'agit en réalité d'une partie, composée de 49 marches authentiques, d'un monumental escalier hélicoïdal qui reliait le deuxième au troisième étage de la célèbre « Dame de fer », démonté en 1983 pour être remplacé par des escaliers plus classiques. De 10 mètres de hauteur et pesant 1,5 tonne, l'escalier avait souffert des intempéries : une marche devait être consolidée et une main courante redressée. La restauration a été menée dans les ateliers des Métalliers lorrains à Nancy pour empêcher la rouille de se propager.

Le musée de l'Histoire du fer a ouvert ses portes en 1966 à Jarville-la-Malgrange, commune au passé sidérurgique important, couverte de hauts-fourneaux et creusée de galeries d'où l'on extrayait le minerai de fer appelé la « minette ». Il reste aujourd'hui peu de traces des mines de fer, des forges et des aciéries qui ont existé dans ce bassin industriel à partir des années 1870. L'escalier demeure la pièce maîtresse de ce passionnant musée, consacré à l'utilisation du fer et de ses dérivés, depuis l'apparition du haut-fourneau au Moyen Âge jusqu'au début du XXe siècle.

Adresse 1 avenue du Général-de-Gaulle, 54140 Jarville-la-Malgrange, tél. 03 83 15 27 70, wwwleferudessciences.eu | Transports en commun TER, arrêt Jarville-la-Malgrange ; Bus 21, arrêt Musée-de-l'Histoire-du-Fer | Horaires d'ouverture Du mercredi au vendredi de 9 h à 12 h et de 14 h à 18 h, le samedi et le dimanche de 10 h à 12 h et de 14 h à 18 h | À savoir D'autres monuments célèbres ont été façonnés en Lorraine à la demande de Gustave Eiffel : l'une des gares de Budapest, le pont sur le Douro au Portugal et l'armature de la statue de la Liberté de New York.

105 Le vase Daum du pâtissier Adam

L'illusion parfaite

L'Art nouveau a profondément marqué l'art nancéien et la maison Daum fut l'un des jalons essentiels de ce mouvement artistique. Véritable symbole de l'art verrier en Lorraine, la manufacture fondée en 1878 par Jean Daum continue de rayonner dans le monde entier. Le vase Daum, œuvre en verre, pâte de verre ou pâte de cristal, inspire inlassablement les peintres, sculpteurs et musiciens, tels que l'artiste Ben ou plus récemment le rappeur Gims. À sa manière, l'artisan Jean-François Adam, pâtissier et chocolatier renommé de Nancy, a lui aussi consacré son savoir-faire à la réalisation d'un vase Daum, mais en sucre ! Il a ainsi travaillé le sucre en différentes matières et couleurs à l'instar des maîtres verriers nancéiens. De fait, le vase ressemble comme deux gouttes d'eau à son modèle.

C'est lors du centenaire de l'École de Nancy en 1999 qu'est née l'idée de cette création originale. Une jolie façon pour Jean-François Adam de rendre hommage à cet âge d'or artistique. Une démonstration de coulée de bergamote et hop, le tour était joué ! Enfin, pas tout à fait… Jean-François Adam a réalisé lui-même les moules et a mis au point une technique qu'il a dû parfaire par de nombreux essais. Le travail de la pâte de sucre est semblable à celui de la pâte de verre, aussi difficile et complexe, car la matière est fragile : il nécessite un art habile de la cuisson. L'un des secrets serait de ne pas mettre l'eau et le sucre sur un feu vif pour éviter que le mélange ne caramélise… C'est au terme de deux années d'élaboration minutieuse que cet artisan a pu proposer à la vente cette délicieuse œuvre sucrée dans sa pâtisserie nichée à l'ombre de la basilique Saint-Epvre.

Il aura fallu du temps à Jean-François Adam, alchimiste d'un genre nouveau, pour créer un produit innovant à l'apparence de la pâte de verre. Gageons qu'il en transmettra un jour la recette !

Adresse 3 place Saint-Epvre, 54000 Nancy, tél. 03 83 32 04 69, www.patisserie-saintepvre.fr | Transports en commun Bus Citadine 1, arrêt Saint-Epvre ; Bus 12/13/16/62, arrêt Haut-Bourgeois | Horaires d'ouverture Du mardi au samedi de 8 h 30 à 19 h 30 et le dimanche de 8 h 30 à 18 h | À savoir Marcel Adam, frère de Jean-François, a lui aussi créé un vase Daum, mais le sien est en chocolat !

106 La vieille place

Les hommages au « libérateur du territoire »

À Nancy, Adolphe Thiers, président de la République de 1871 à 1873, eut d'abord droit à une statue et à une place, puis, en 1975, à une tour portant son nom. Admiré pour son travail comme ministre et député, mais exécré pour avoir réprimé dans le sang la Commune de Paris en mai 1871, il était considéré comme le « libérateur du territoire », titre décerné par Léon Gambetta en reconnaissance de l'évacuation des troupes allemandes de la ville en 1873.

Dans le quartier de la gare se trouvaient autrefois les fossés de la ville et l'étang Saint-Jean. L'extension des faubourgs, puis l'arrivée du chemin de fer en 1850 à Metz et en 1852 à Paris modifièrent les lieux. En 1859, la « place de la Gare » vit le jour, mais il fallut attendre les grandes fêtes liées à l'inauguration de la statue du président pour qu'elle prenne le nom de Thiers. Pour mettre en avant cette personnalité « sauveuse » de la ville, une statue fut érigée en 1879, 2 ans après sa mort, financée par une souscription publique lancée dans les départements des Ardennes, de la Meurthe-et-Moselle, de la Meuse et des Vosges. Elle est l'œuvre du sculpteur Ernest Guilbert. Haute de 3,60 mètres, elle reposait sur un imposant piédestal. Dans les années 70, la statue fut déboulonnée lors de la restructuration de la place, sous le mandat de Marcel Martin, maire de 1970 à 1977.

Depuis, le quartier de la place Thiers a été réaménagé : d'anciens immeubles dont l'hôtel et le cinéma ont été rasés pour faire place à la tour Thiers, qui fait toujours l'objet de débats, même si les habitants s'y sont faits. Résultant d'un élan de gigantisme, elle contraste avec les architectures Art nouveau du quartier.

La tour Thiers est la plus haute de la ville et la deuxième de l'agglomération. Culminant à 104 mètres d'altitude, cet immeuble, qui saute aux yeux dès la sortie de la gare, abrite des bureaux et un hôtel étoilé. Il offre un panorama privilégié sur la ville et les hauts plateaux de Meurthe-et-Moselle.

Adresse Place Simone-Veil, 54000 Nancy | Transports en commun Tram 1, arrêt Nancy-Gare | À savoir Exit le président Thiers : depuis 2018, la place porte le nom de Simone Veil.

107 La villa Majorelle

Un manifeste artistique

Cette maison d'artiste est perdue sur les hauteurs de Nancy. Si elle est un lieu patrimonial, la villa Majorelle, du nom de l'ébéniste de renom Louis Majorelle, intéresse principalement les passionnés du courant artistique de l'École de Nancy. D'abord baptisée villa Jika d'après les initiales de Jane Kretz, épouse de l'artisan, cette immense demeure est une œuvre d'art totale de l'architecte parisien Henri Sauvage. De l'extérieur, cette toute première maison Art nouveau à l'asymétrie pittoresque attire les regards. En effet, chacun des éléments composant sa structure et son décor – les peintures de Francis Jourdain dans la salle à manger et les vitraux de Jacques Gruber – a été imaginé en étroite interdépendance avec le reste de l'édifice. Fluidité des formes, motifs décoratifs et jeu des grès font de ce bâtiment une illustration de la notion d'unité de l'art, pensée par les nombreux artistes de l'une des périodes les plus dynamiques de l'histoire de Nancy.

Après la mort de Louis Majorelle en 1926, son fils unique, le peintre Jacques Majorelle, qui résidait alors au Maroc, décida de se séparer de la maison, vendue à l'État. Réhabilitée en tant que maison particulière, elle constitue une immersion totale dans le Nancy de 1900 et dans l'intimité d'une famille, avec son mobilier et ses objets de la vie quotidienne. Dans les années 30, le percement de la rue Majorelle a fait disparaître presque entièrement le grand jardin arboré qui servait d'enclos verdoyant à l'abri des regards. Celui du tout proche musée de l'École de Nancy, une petite merveille peu fréquentée, évoque l'atmosphère de ce que ce type de jardin était au début de siècle. On y privilégiait les essences végétales créées par les horticulteurs nancéiens de l'époque ; ses pivoines, anémones, lilas et hortensias étaient des sources d'inspiration majeure pour les artistes. Ces volutes arborées ont fait dire à Émile Gallé : « Ma racine est au fond des bois. » Que de décors floraux sont dès lors nés de ces enclos à l'aube du XXe siècle !

Adresse 1 rue Louis-Majorelle, 54000 Nancy, tél. 03 83 85 30 31, musee-ecole-de-nancy.nancy.fr/la-villa-majorelle | Transports en commun Bus 11, arrêt Commanderie ; Bus 3, arrêt Sacré-Cœur | Horaires d'ouverture Du mercredi au dimanche de 14 h à 18 h | À savoir La villa Majorelle s'est vu attribuer en 2011 par le ministère de la Culture le label Maison des Illustres en tant que maison d'artiste gardant le souvenir de Louis Majorelle.

108 Les vitraux de Gruber

Des œuvres de paix et de nature

Il y a quelque chose d'émouvant dans les vitraux de Jacques Gruber (1870-1936) que l'on peut apercevoir de-ci de-là en parcourant la ville. Ce maître-verrier appartenait à la seconde génération des artistes qui formaient l'École de Nancy. Avant de se consacrer entièrement au vitrail à partir de 1896-1898, il a dû faire ses preuves dans les techniques des arts décoratifs, en travaillant sur du mobilier, des vases ou des affiches. Dans chacune de ses œuvres, cet artiste naturaliste a exprimé la vigueur et l'inventivité de son style, avec un sens prononcé de la composition décorative. Il est devenu « le » vitrailliste de l'École de Nancy, dont on identifie aisément la palette de couleurs à dominantes rouge, violet et brun, et les éléments floraux comme le nénuphar, la clématite ou les coloquintes. Par une technique de superposition d'épaisseurs de verre, il pouvait restituer avec habileté le chatoiement des plumes du paon, comme sur le vitrail *La Salle,* réalisé en 1904.

Les vitraux de Gruber témoignent aussi de son passage progressif des courbes sinueuses de l'Art nouveau aux lignes plus angulaires, aux formes plus synthétisées et épurées de l'Art déco. Ainsi, on a pu lire lors de la rétrospective « Jacques Gruber et l'Art nouveau, un parcours décoratif » qui lui fut consacrée à la Galerie Poirel : « Du verre et du plomb, il était devenu maître. Il les travaillait et les agençait avec un sens aigu de l'harmonie. »

Eugène Corbin était l'un des grands mécènes des artistes de l'École de Nancy. Son ancienne propriété rue du Sergent-Blandan fut acquise par la municipalité pour devenir le musée de l'École de Nancy – Eugène Corbin. On y retrouve dans quelques salles les vitraux de Gruber, éléments de transition entre l'intérieur et l'extérieur de l'habitat. Les œuvres au décor végétal de ce pionnier du vitrail moderne apportaient nature et paix dans les demeures, et cette lumière modulée par le verre aux teintes pastel créait une atmosphère tout à fait particulière.

Adresse 36-38 rue Sergent-Blandan, 54000 Nancy, tél. 03 83 85 30 31, musee-ecole-de-nancy.nancy.fr | Transports en commun Bus 11/16, arrêt Painlevé | Horaires d'ouverture Du mercredi au dimanche de 10 h à 18 h | À savoir Cinq vitraux signés Jacques Gruber peuvent être admirés à la chambre de commerce de Nancy, tandis que le Crédit lyonnais et la brasserie L'Excelsior disposent tous deux d'une magnifique verrière. Pour finir, les vitraux de Gruber sont le véritable trésor de la villa Majorelle.

109 La voie des Écuries

La rue mystère

C'est une rue délaissée, au cœur de la Ville Vieille, entre le parc de la Pépinière et la place de la Carrière. Quasi secrète, elle serait le cadre idéal à un roman à suspense. Elle a aussi été décrite comme une « Venise asséchée » par Michel Guillet dans *Nancy royale et familière,* c'est dire la fascination qu'elle exerce !

Rue cachée, elle est une sorte de fossé surplombé de passerelles métalliques pour relier certains appartements à des jardins et à des terrasses privées, donnant sur le parc de la Pépinière. Pas une vitrine de magasin n'y offre ses alléchantes marchandises ; pas une seule entrée d'habitation ; pas une seule porte, pas un numéro : un mystère total, dont on cherche encore la clé. Courte, étroite, cette voie historique datant du XVIe siècle a été créée contre le rempart de la ville, en 1571. Elle tient son nom des écuries de la cour du duc Charles III de Lorraine, qui n'est pas le plus connu des ducs de Lorraine, mais dont l'œuvre d'urbanisme est considérable : en 49 années de règne, il a transformé Nancy en une ville moderne.

Au nord, la rue des Écuries est ouverte sur la façade sud de l'ancien palais des ducs. Elle était autrefois également ouverte au sud, mais fut fermée de ce côté par la construction, en 1759, des prisons de la Conciergerie (à l'emplacement de l'actuel tribunal de grande instance) puis par celle des terrasses de la Pépinière, quelques années plus tard, la transformant à tout jamais.

Destinées à l'origine à orner les deux extrémités de la rue des Écuries, les fameuses grilles de Jean Lamour, célèbre serrurier et ferronnier du roi Stanislas, furent déplacées sur la place du même nom. D'ailleurs, quand on y pense, que sont donc devenues les écuries ducales ? Elles existent toujours, réaménagées en remises ou garages par les particuliers.

Vous l'aurez compris : pour saisir la poésie des lieux, il suffit de lever les yeux !

Adresse Rue des Écuries, 54000 Nancy | Transports en commun Bus Citadine 1, arrêt Musée-Lorrain ; Bus 12/13, arrêt Amerval. On accède à la ruelle par un porche le long de la place de la Carrière, au n° 8 | À savoir C'est de l'hôtel de Morvilliers, ancien nom du Pavillon guerrier de Dumast, que vous apercevrez le mieux la colonnade, entrée de la rue des Écuries.

110_La voie ferrée Saint-Georges

Le paradis des graffeurs

La ville de Nancy fut l'une des premières cités de Lorraine reliées par le chemin de fer en 1850, un décret de 1845 ayant autorisé une liaison entre Metz et Nancy. Malgré le développement économique de Nancy, l'extension de la voie ferrée fut limitée. La ville étant limitée à l'est par le canal de la Marne au Rhin et par la Ville Vieille et la Ville Neuve, son tracé n'a pu s'étendre au-delà des remparts. Dans son ouvrage *Nancy, histoire et tableaux* publié en 1847, Prosper Guerrier de Dumast, opposé au chemin de fer, évoque « des calamités susceptibles de fondre sur ces imprudentes cités qui ont adopté le chemin de fer ».

À l'époque, des jardins et des champs furent achetés en amont du moulin Saint-Thiébaut, allant du pont Saint-Jean jusqu'au pont du Montet, et un aqueduc installé pour évacuer les eaux en provenance de ce qui restait de l'étang Saint-Jean, acquis par la Compagnie de l'Est qui souhaitait faire construire une gare à la place. La surface totale ainsi acquise atteignait alors un peu plus de 14 hectares. La gare de Nancy-Saint-Georges fut l'une des premières gares ferroviaires, puis devint une gare uniquement destinée au trafic du fret. La gare Saint-Jean, ou encore Nancy-Saint-Jean, devint, en 1924, la principale gare de Nancy.

Désaffectée dans les années 90, la gare de Nancy-Saint-Georges fut démolie au début des années 2000. Abandonné, ce site ferroviaire est devenu un véritable musée à ciel ouvert. Si l'on suit l'ancienne voie ferrée, on arrive entre les anciens établissements Longométal et l'usine Alstom, autant de pages tournées de la vie prospère et industrielle de la ville. La friche Alstom accueille à présent régulièrement des manifestations culturelles ; les graffeurs et leur art, parfois transgressif, l'ont massivement investie. D'aucuns diront que l'histoire du graff à Nancy doit beaucoup à ces lieux, et il ne faut pas hésiter à y flâner de temps à autre, l'atmosphère y est singulièrement étrange.

Adresse Rue Oberlin, 54000 Nancy | **Transports en commun** Bus 16, arrêt Mac-Mahon. Les graffs sont à découvrir sur un parcours de 1 kilomètre environ | **À savoir** La gare Saint-Georges a été peinte vers 1890 par Victor Masson, peintre et illustrateur français.

111 Le Wagon

Signé Jean Prouvé

Elle domine la colline et offre un magnifique panorama sur la plaine de Nancy et l'église Saint-Mansuy. Située dans un quartier résidentiel, la maison de Jean Prouvé est avant-gardiste – comme l'on peut s'y attendre. Cette bâtisse qu'il nommait affectueusement « le Wagon », l'architecte emblématique de l'Art nouveau l'a construite en 1954 pour en faire son domicile familial.

Formé comme sculpteur-forgeron, Jean Prouvé a fait de sa maîtrise du métal le cœur de son travail. À la page dédiée à la trajectoire professionnelle de l'architecte sur le site de la galerie Patrick Seguin, on lit que « Jean Prouvé a développé une "pensée constructive" basée sur une logique de fabrication et de fonctionnalité qui génère une esthétique épurée de tout artifice ». Ses structures, produites en petites séries dès les années 30, assemblées et articulées par des mécanismes astucieux, permettaient aux meubles comme aux bâtiments d'être aisément démontés et déplacés.

Avant tout conscient des limites du travail de ferronnerie, Jean Prouvé souhaitait se rallier au mouvement moderniste. C'est ainsi qu'il a choisi de travailler avec l'acier et l'aluminium – des matériaux plus faciles à manipuler et à tordre. Il a appliqué les mêmes principes à la production de mobilier et à l'architecture. Cette vision d'architecte se découvre en accédant à la maison, administrée par le musée des Beaux-Arts de Nancy depuis 2013, depuis le bas du terrain. Une fine charpente en bois forme un plan très légèrement cintré recouvert d'un matériau étanche, et on distingue trois parties enchaînées. La maison, réalisée en trois mois à partir d'éléments préfabriqués, témoigne par la simplicité de sa conception et la légèreté de ses matériaux de toute l'ingéniosité des principes constructifs que l'architecte défendait.

Elle demeure aujourd'hui encore une source d'inspiration pour les architectes du monde entier.

Adresse 4-6 rue Augustin-Hacquard, 54100 Nancy, tél. 03 83 85 30 01 | Transports en commun Bus T2, arrêt Place-Aimé-Morot | Horaires d'ouverture De juin à septembre, le samedi de 14 h à 18 h. Visites guidées à 14 h 15, 15 h 15, 16 h 15 à réserver sur resa.nancymusees@mairie-nancy.fr | À savoir La maison et le bureau des ateliers de Jean Prouvé à Maxéville, emblématiques de l'œuvre de l'architecte, sont classés aux monuments historiques depuis 1987.

Je remercie pour leurs conseils avisés : Daniel Laguibre, Marie-Catherine Tallot, Sophie Mayeux, Christiane Tournier et Vincent Dubois de Destination Nancy. Merci également à Pierre Didierjean et à Pierre Mac Mahon de la Ville de Nancy, à Cyril Klein de la Métropole du Grand Nancy, aux artistes de la galerie Mathgoth, à Gautier Jourdain et à l'artiste Gé.Pellini, sans oublier les commerçants nancéiens pour leur chaleureux accueil.

Isabelle Debuchy est journaliste à Luxembourg et éditrice déléguée du magazine trimestriel *Luxembourg Féminin.* Coordinatrice des magazines *Metz Femmes* et *Nancy Femmes,* elle s'est attachée à la ville de Nancy dans laquelle elle s'est rendue à de nombreuses reprises. Cette ville allie en un seul lieu deux de ses nombreuses passions : le XVIIIe siècle en France et l'Art nouveau, dont la fameuse École de Nancy est le porte-étendard – tout ce qui constitue l'héritage de la culture lorraine et de la splendeur de la ville nancéienne.

Jérôme Derèze
111 Lieux en Lorraine
à ne pas manquer
ISBN 978-3-7408-1410-6

Cécile Amarger, Lucie Mauffrey
111 Lieux en Franche-Comté
à ne pas manquer
ISBN 978-3-7408-1053-5

Thibaut Bernardin
111 Lieux à Strasbourg
à ne pas manquer
ISBN 978-3-7408-1022-1

Sophie Nicolas
111 Lieux en Alsace
à ne pas manquer
ISBN 978-3-7408-0698-9

Sybil Canac,
Renée Grimaud, Katia Thomas
111 Lieux à Paris
à ne pas manquer
ISBN 978-3-7408-0697-2

Nathalie Zaouati
111 Lieux autour de Paris
à ne pas manquer
ISBN 978-3-7408-1408-3

Florence Hocheder
111 Lieux en Seine-et-Marne
à ne pas manquer
ISBN 978-3-7408-1050-4

Jean-Christophe Collet
111 Lieux à Rennes
à ne pas manquer
ISBN 978-3-7408-1021-4

Jean-Claude Belfiore
111 Lieux à Nantes
à ne pas manquer
ISBN 978-3-7408-1052-8

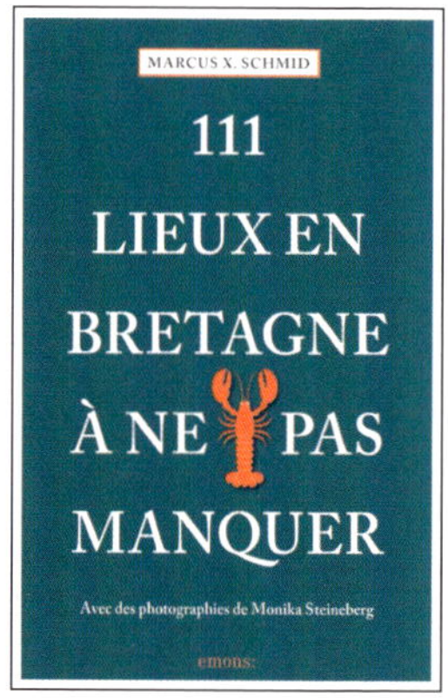

Marcus X Schmid
111 Lieux en Bretagne
à ne pas manquer
ISBN 978-3-7408-0821-1

Aurore et Edward Lépy
111 Lieux en Loire-Atlantique
à ne pas manquer
ISBN 978-3-7408-1409-0

Lucie Spileers
111 Lieux à Lille
à ne pas manquer
ISBN 978-3-7408-1228-7

Georges Renocle
111 Lieux des Hauts-de-France
à ne pas manquer
ISBN 978-3-7408-1474-8

Daniel Moirenc
111 Lieux en Normandie
à ne pas manquer
ISBN 978-3-7408-0834-1

Dominique Milherou
111 Lieux à Marseille
à ne pas manquer
ISBN 978-3-7408-1051-1

Daniel Moirenc
111 Lieux en Provence
à ne pas manquer
ISBN 978-3-7408-0699-6

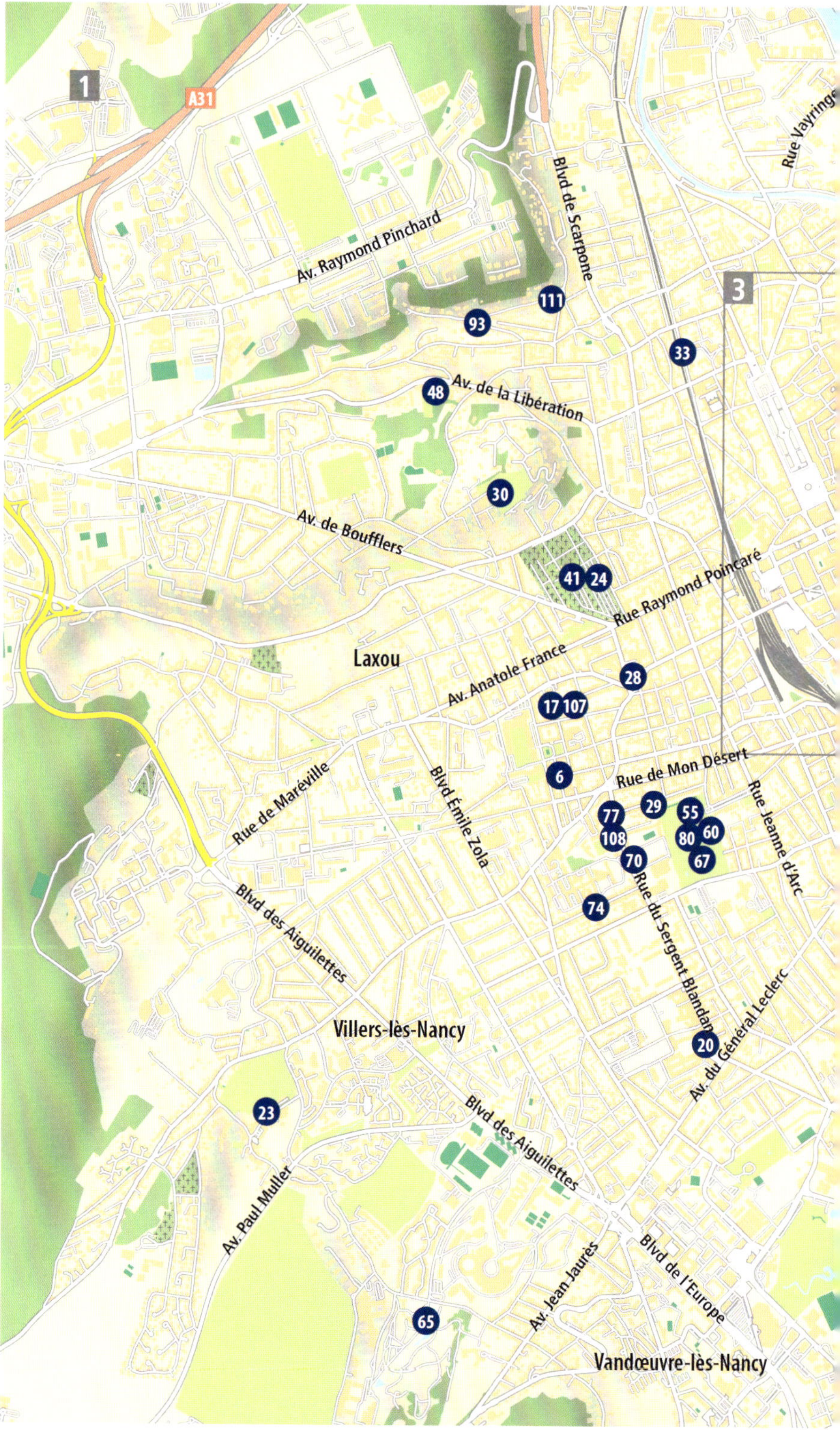

1
A31
3
Rue Vayringe
Blvd de Scarpone
Av. Raymond Pinchard
111
93
33
48
Av. de la Libération
30
Av. de Boufflers
41
24
Rue Raymond Poincaré
Laxou
Av. Anatole France
28
17
107
6
Rue de Mon Désert
Rue de Maréville
Blvd Émile Zola
29
77
55
108
80
60
70
67
Rue Jeanne d'Arc
74
Rue du Sergent Blandan
Blvd des Aiguilettes
Villers-lès-Nancy
20
Av. du Général Leclerc
23
Blvd des Aiguilettes
Av. Paul Muller
Av. Jean Jaurès
Blvd de l'Europe
65
Vandœuvre-lès-Nancy

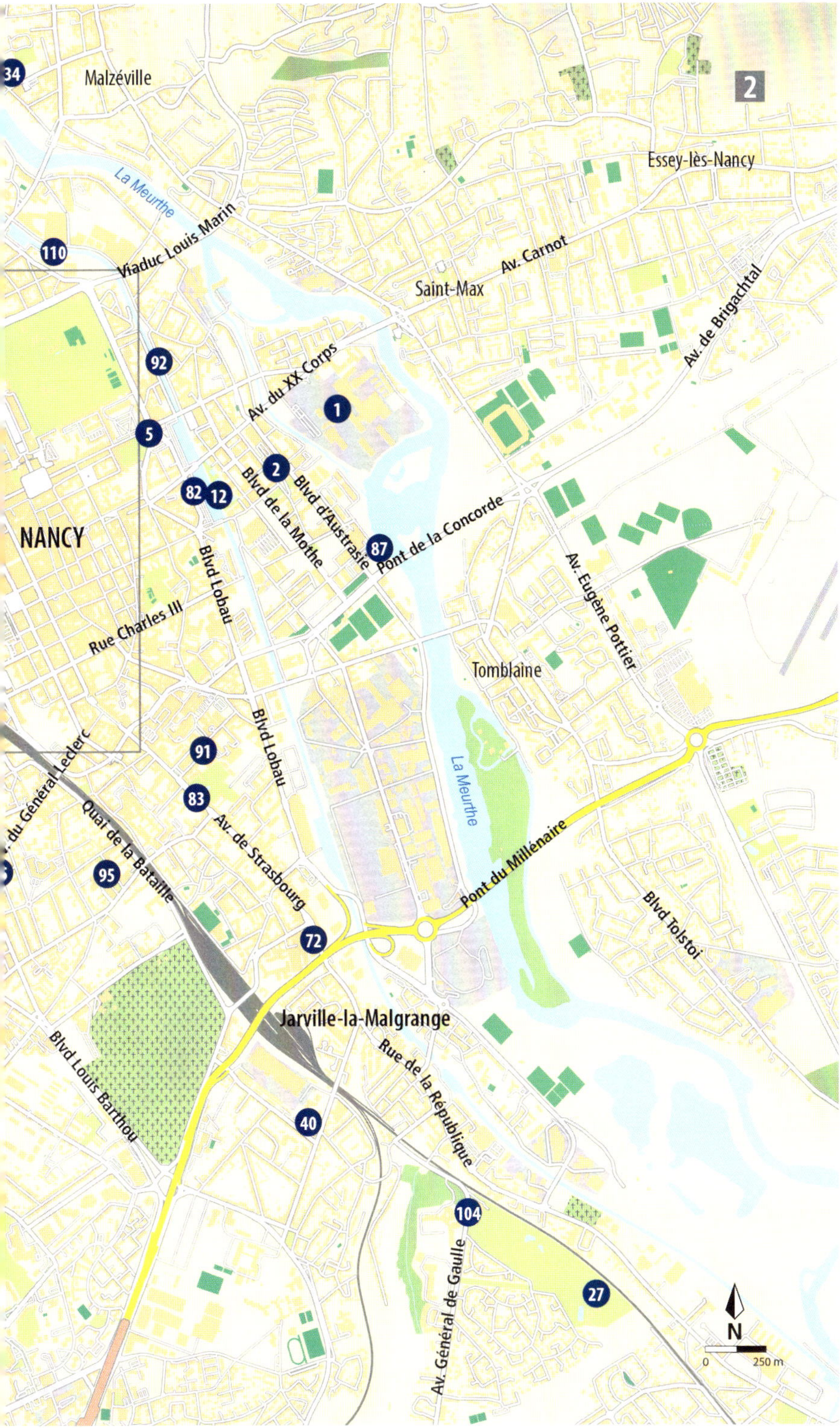
2
Malzéville
Essey-lès-Nancy
La Meurthe
Viaduc Louis Marin
Av. Carnot
Saint-Max
Av. de Brigachtal
Av. du XX Corps
Blvd de la Mothe
Blvd d'Austrasie
Pont de la Concorde
NANCY
Blvd Lobau
Rue Charles III
Av. Eugène Pottier
Tomblaine
La Meurthe
Blvd Lobau
Av. du Général Leclerc
Quai de la Bataille
Av. de Strasbourg
Pont du Millénaire
Blvd Tolstoi
Jarville-la-Malgrange
Rue de la République
Blvd Louis Barthou
Av. Général de Gaulle
N
0
250 m
34
110
92
5
1
2
82
12
87
91
83
95
72
40
104
27

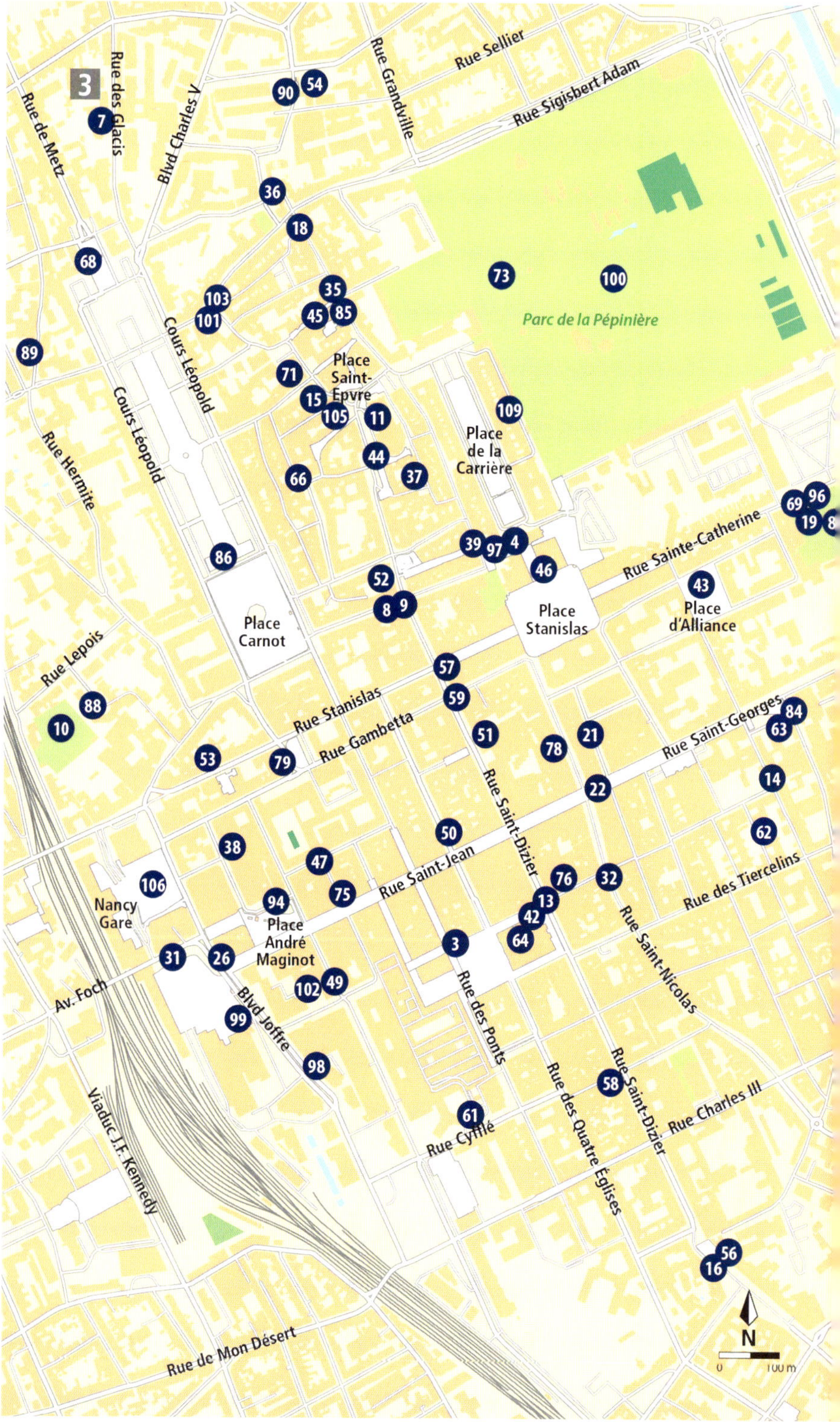
3
Rue de Metz
Rue des Glacis
Blvd Charles V
Rue Grandville
Rue Sellier
Rue Sigisbert Adam
Parc de la Pépinière
Cours Léopold
Place Saint-Epvre
Place de la Carrière
Rue Hermite
Rue Sainte-Catherine
Place Stanislas
Place d'Alliance
Place Carnot
Rue Lepois
Rue Stanislas
Rue Gambetta
Rue Saint-Georges
Rue Saint-Dizier
Rue Saint-Jean
Rue des Tiercelins
Nancy Gare
Place André Maginot
Rue Saint-Nicolas
Av. Foch
Blvd Joffre
Rue des Ponts
Rue des Quatre Églises
Rue Charles III
Rue Cyfflé
Viaduc J.F. Kennedy
Rue de Mon Désert
N
0
100 m
7 90 54 36 18 68 73 100 35 103 45 85 101 89 71 15 105 11 109 44 37 66 69 96 19 8 86 39 97 4 46 52 43 8 9 57 59 88 10 51 21 78 84 63 53 79 22 14 50 62 38 47 76 32 106 94 75 13 42 64 3 31 26 102 49 99 98 58 61 56 16